— 어색함을 깨는 —
독보적 영어 대화법

어색함을 깨는
독보적 영어 대화법

지은이 소피아 김
펴낸이 임상진
펴낸곳 (주)넥서스

초판 1쇄 발행 2025년 8월 1일
초판 2쇄 발행 2025년 8월 5일

출판신고 1992년 4월 3일 제311-2002-2호
10880 경기도 파주시 지목로 5
Tel (02)330-5500 Fax (02)330-5555

ISBN 979-11-94643-66-1 13740

출판사의 허락 없이 내용의 일부를
인용하거나 발췌하는 것을 금합니다.
저자와의 협의에 따라서 인지는 붙이지 않습니다.

가격은 뒤표지에 있습니다.
잘못 만들어진 책은 구입처에서 바꾸어 드립니다.

www.nexusbook.com

―― 어색함을 깨는 ――
독보적 영어 대화법

소피아 김 지음

자연스러운 대화를 위한 스몰토크의 기술

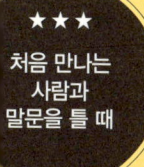
처음 만나는 사람과 말문을 틀 때

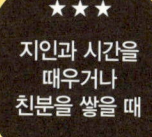
지인과 시간을 때우거나 친분을 쌓을 때

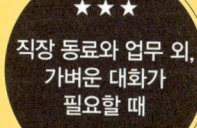
직장 동료와 업무 외, 가벼운 대화가 필요할 때

원어민 MP3 무료 제공

넥서스

머리말

안녕하세요, 소피아 김입니다.

저는 미국 뉴욕 맨해튼에서 10년 넘게 ESL를 가르치고, TOEFL, TOEIC, SAT, 비즈니스 영어 등 다양한 목적을 가진 학생들과 함께하며 영어 교육 현장을 지켜왔습니다. 동시에 뉴욕주 법정에서 12년 넘게 통역사로 활동해 왔고, 2013년부터 미국에서 영어 교육 기관의 국가 승인을 전문적으로 관리하는 디렉터로서 영어 교육의 제 커리어 대부분을 보냈습니다.

이러한 현장 중심의 경험은 저에게 **실제 미국 사회에서 통하는 영어**를 누구보다 잘 이해하고 전달할 수 있는 기반이 되어 주었습니다. 그 과정에서 제가 확신하게 된 것은, 영어는 시험 점수로만 판단할 수 없고, **상대와 자연스럽게 대화할 수 있는 힘**이야말로 진정한 실력이라는 점입니다.

코로나로 대면 수업이 중단되자 '센스영어'라는 유튜브 채널을 통해 온라인 강의를 시작했고, 감사하게도 많은 분들이 '현지 영어'에 공감해 주셨습니다. 그리고 어느 날, 한국의 넥서스 출판사로부터 책을 출간해 보자는 제안을 받았고, 저는 그동안 쌓아 온 경험과 지식을 모두 쏟아부어 이 책을 집필하게 되었습니다.

이 책은 단순한 영어회화 교재가 아닙니다.

제가 실제로 친구, 지인, 동료들과 나눴던 **리얼 미국식 스몰토크**를 바탕으로 구성했고, 그 속에서 한국인 학습자들이 어려워하는 표현과 문법을 콕 짚어 설명했습니다. 외우는 영어가 아니라 **말문이 트이는 영어**를 원하신다면, 분명히 도움이 될 것입니다.

이 책을 통해 영어가 부담이 아닌 재미로 느껴지고, 누구와도 어색함 없이 대화를 시작할 수 있는 자신감을 얻으시길 바랍니다. 제일 중요한 것은 반복해서 학습하셔야 한다는 점입니다. 원어민의 발음과 악센트를 최대한 따라하며 여러 번 반복하시면, 여러분이 출장, 여행, 업무, 영어권 친구를 사귈 때에 큰 자신감을 가지고 대화를 주도할 수 있을 거라 확신합니다.

그리고 이 책이 세상에 나올 수 있도록 용기를 주시고 든든한 힘이 되어 주신 넥서스 출판사에 깊은 감사를 드립니다. 여러분이 영어로 더 넓은 세상과 연결되는 그날까지, 저도 함께하겠습니다.

2025년 7월 미국에서
저자 소피아 김

이 책의 구성

STEP 1 대화문 & 해석

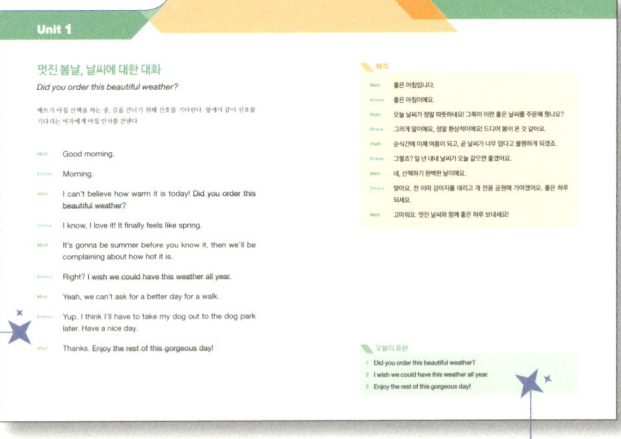

40개의 다양한 주제와 관련된 스몰토크 대화문을 익혀 보세요. 저자의 경험이 담겨 있어 더욱 생생합니다.

대화문의 해석과 오늘 꼭 알아야 할 '오늘의 표현'을 미리 볼 수 있습니다.

STEP 2 오늘의 표현 뜯어보기

'오늘의 표현'을 좀 더 자세하게 배울 수 있습니다. 원어민들은 영어를 어떻게 활용하는지 확실히 알아 두세요.

STEP 3 센스 있는 영어 플러스

오늘의 주제와 관련된 더 많은 영어 활용법을 실었습니다. 스몰토크에 유용한 표현들로 영어 센스를 늘려 보세요.

STEP 4 추가 학습 & 문화 익히기

그 외에 알아 두면 좋은 영어 팁과 미국 현지 문화들을 실었습니다. 원어민과 더 원활한 대화를 위해 잘 알아 두고 활용해 보세요.

스마트폰에서 MP3 듣기

스마트폰으로 QR코드를 인식하면 MP3를 바로 들을 수 있습니다.

컴퓨터에서 MP3 다운받기

넥서스 홈페이지(www.nexusbook.com)에서 도서명으로 검색하시면, 회원 가입 없이 바로 무료로 다운받을 수 있습니다.

목차

초면인 사람과의 스몰토크

Unit 1 멋진 봄날, 날씨에 대한 대화
Did you order this beautiful weather? — 14

Unit 2 가족과 고향에 대한 대화
I'm from the Midwest. — 22

Unit 3 홈 파티에서의 대화
How do you know her? — 30

Unit 4 직장에서 자기소개하기
People actually smile here! — 38

Unit 5 직업에 대해 이야기하기
That job is travel-heavy. — 46

Unit 6 소개팅에서 음식에 대한 대화
Are you allergic to anything? — 54

Unit 7 서점 직원과의 대화
Do you know where I can find books for toddlers? — 62

Unit 8 떨어진 물건의 주인 찾아 주기
Did anyone drop their bracelet? — 70

Unit 9 새로 이사 온 이웃과의 대화
Can you recommend any good vegan restaurants?   78

Unit 10 엘리베이터 안에서의 대화
Please tell her Ann from 3A said hi.   86

Unit 11 스파에서 만난 손님 간의 대화
Their hands work wonders.   94

Unit 12 커피숍 옆자리 사람과의 대화
Now I'm craving a milkshake.   102

Unit 13 컨퍼런스에서의 비즈니스 대화
Are you enjoying the conference so far?   110

Unit 14 결혼식 하객 간의 대화
Are you a guest of the bride or groom?   118

Unit 15 지인을 소개해 주는 대화
What lies has Emma been spreading?   126

Unit 16 학교에서 자기소개하기
I want to make a good first impression.   134

Unit 17 워크숍 강사에 대한 대화
She's still very modest.   142

Unit 18 반려견에 대한 대화
I got Semma from this amazing rescue center.   150

Unit 19 회사 디너 파티에서의 대화
This is my first business dinner party.   158

Unit 20 처음 만난 학부모 간의 대화
Teachers are so undervalued.   166

지인과의 스몰토크

Unit 21 **디저트에 관한 대화**
Where can we get good desserts? — 176

Unit 22 **집들이에서의 대화**
You've transformed it into a sanctuary. — 184

Unit 23 **친구와 주말 계획 세우기**
Reservations are all booked up for this weekend. — 192

Unit 24 **다른 커플에 대해 이야기하기**
I heard she's a total drama queen. — 200

Unit 25 **직장 동료에 대한 대화**
Watch out when her hair is green. — 208

Unit 26 **휴가와 여행에 대한 대화**
I've been bitten by the travel bug. — 216

Unit 27 **온라인 데이트 앱에 관한 대화**
Why is it so hard to meet someone normal? — 224

Unit 28 **자동차 정비에 관한 대화**
I've had my baby for 10 years now. — 232

Unit 29 **SNS에 대한 대화**
Life was so much simpler without social media. — 240

Unit 30	즐겨 보는 미드 이야기하기	
	I don't want to spoil anything for you.	248
Unit 31	자녀에 대한 대화	
	Soon you'll have an empty nest.	256
Unit 32	재택근무에 대한 대화	
	Have you tried to develop your work-from-home routine?	264
Unit 33	서로의 취미 이야기하기	
	I love a good bargain.	272
Unit 34	운동 동기 부여하기	
	Wow, look at this muscle definition!	280
Unit 35	다이어트 식단에 관한 대화	
	I want to lose fifteen pounds.	288
Unit 36	구체적인 운동 루틴 짜기	
	I also want to build up my endurance.	296
Unit 37	좋아하는 스포츠 팀에 대한 대화	
	Which team are you rooting for?	304
Unit 38	피부 관리에 대한 대화	
	You don't look 30 at all.	312
Unit 39	승진을 축하해 주기	
	I knew the right position would come along.	320
Unit 40	대화 마무리하기	
	It's been great catching up.	328

초면인 사람과의 스몰토크

Unit 1

멋진 봄날, 날씨에 대한 대화

Did you order this beautiful weather?

매트가 아침 산책을 하는 중, 길을 건너기 위해 신호를 기다린다. 옆에서 같이 신호를 기다리는 여자에게 아침 인사를 건넨다.

Matt   Good morning.

Emma   Morning.

Matt   I can't believe how warm it is today! Did you order this beautiful weather?

Emma   I know, I love it! It finally feels like spring.

Matt   It's gonna be summer before you know it, then we'll be complaining about how hot it is.

Emma   Right? I wish we could have this weather all year.

Matt   Yeah, we can't ask for a better day for a walk.

Emma   Yup. I think I'll have to take my dog out to the dog park later. Have a nice day.

Matt   Thanks. Enjoy the rest of this gorgeous day!

해석

Matt	좋은 아침입니다.
Emma	좋은 아침이에요.
Matt	오늘 날씨가 정말 따뜻하네요! 그쪽이 이런 좋은 날씨를 주문해 줬나요?
Emma	그러게 말이에요, 정말 환상적이에요! 드디어 봄이 온 것 같아요.
Matt	순식간에 이제 여름이 되고, 곧 날씨가 너무 덥다고 불평하게 되겠죠.
Emma	그렇죠? 일 년 내내 날씨가 오늘 같으면 좋겠어요.
Matt	네, 산책하기 완벽한 날이에요.
Emma	맞아요. 전 이따 강아지를 데리고 개 전용 공원에 가야겠어요. 좋은 하루 되세요.
Matt	고마워요. 멋진 날씨와 함께 좋은 하루 보내세요!

오늘의 표현

1 Did you order this beautiful weather?
2 I wish we could have this weather all year.
3 Enjoy the rest of this gorgeous day!

오늘의 표현 뜯어보기

1 Did you order this beautiful weather?

이런 센스 있는 표현 재밌지 않나요? 음식을 주문할 때 쓰는 동사인 order를 써서 좋은 날씨를 표현할 수 있답니다. 의문문으로 쓰지 않고 간접 화법으로 다음과 같이 말할 수도 있어요. "I wonder who ordered this beautiful weather.(누가 이렇게 좋은 날씨를 주문했는지 궁금해요.)"

좋은 날씨를 표현할 수 있는 다른 문장들, 예문으로 같이 보죠.

- **Isn't it beautiful today?**
  오늘 아름답지 않나요? – 부정 의문문으로 의미 강조

- **Lovely day, don't you think?**
  정말 좋은 날이에요, 그렇지 않나요? – 부가 의문문으로 상대방의 대답 유도

- **What a nice day!**
  얼마나 멋진 날인지! – What으로 시작하는 강조 용법

- **It's looking nice out today.**
  오늘 밖이 멋져 보여요. – 현재진행형 시제를 사용

- **It turned out nice again.**
  다시 좋은 날씨가 되었네요. – 날씨가 한동안 안 좋다가 좋은 날씨가 되었을 때

이제는 날씨가 아주 안 좋은 날에 유용한 표현도 보겠습니다.

- **Isn't this weather miserable?**
  날씨가 우울하지 않나요? – 부정 의문문으로 의미 강조

- **Terrible weather, isn't it?**
  최악의 날씨네요, 그죠? – 부가 의문문으로 상대방의 대답 유도

- **It's so bad out there.**
  밖의 날씨가 정말 안 좋아요. – 실내에 있을 때 쓰기 좋은 표현

- **If this weather continues, they should close the office tomorrow.**
  이런 날씨가 계속되면, 내일 사무실을 닫아야 할 거예요. – 직장 동료와 대화 시 유용한 표현

2 I wish we could have this weather all year.

가정법에서 현재 사실에 대한 반대를 표현할 때, 'I wish' 뒤에 오는 절의 시제를 '과거'로 맞춰 줍니다. 한국인에게는 헷갈리지만, 원어민들이 자주 쓰는 문장 구조예요.

3 Enjoy the rest of this gorgeous day!

'Enjoy the rest of the+명사' 구조는 대화를 아주 세련되게 마무리할 때 쓸 수 있는 좋은 문장 구조예요. 예를 들어 오늘이 주말인 경우, 좋은 주말을 보내라는 표현으로 "Enjoy the rest of the weekend!"라고 말하면 되죠.
또, gorgeous라는 형용사는 원어민들이 좋은 날씨에 관해 표현할 때 정말 자주 씁니다. 악센트가 첫 번째 음절에 있으니, 강조해서 길게 발음하면 좋아요. "It's gorgeous outside."처럼요.

센스 있는 영어 플러스

사계절 상황에 어울리는 날씨 표현

1 봄에 유용한 표현

- **Spring is in the air!**

  봄이 완연하네요!

  이 표현은 'in the air'라는 말이 중요 포인트예요. 아주 예쁜 표현이죠.

2 여름에 유용한 표현

- **It's scorching hot outside!**

  정말 타는 것 같이 더워요!

  이 표현은 습한 날씨보다는 미국의 텍사스나 애리조나 사막의 타는 듯한 열기를 생각하면 느낌이 더 잘 다가올 거예요. Scorching은 부사, 형용사 모두 사용할 수 있습니다.

- **It's sticky.**

  끈적거려요. / 찝찝하네요.

  이 표현은 위와 반대로 정말 습해서 불쾌지수가 높은 날에 사용할 수 있어요.

3 가을에 유용한 표현

○ **It's chilly out there.**

꽤 쌀쌀하네요. (옷 챙겨 입어요.)

이 표현은 해석하면 밖이 춥다는 말이지만, 사용하는 때가 살짝 다를 수 있어요. 예를 들어, 밖이 추우니까 옷을 따뜻하게 입고 나가라는 말을 이렇게 대신하곤 해요.

4 겨울에 유용한 표현

○ **It's freezing outside!**

꽁꽁 얼어서 너무 춥네요!

"It's cold outside!"보다 추운 게 더 강조되는 표현이에요.

○ **Bundle up.**

옷을 껴입어요.

이 표현은 옷을 많이 껴입으라는 표현이에요. bundle은 명사로는 '뭉치, 다발, 묶음'이라는 뜻이 있어요.

5 추가 유용한 날씨 표현

○ **It's like monsoon season today.**

오늘은 장마철 느낌이 나네요.

○ **I love days where the fog is like this. It's so eerie.**

난 안개가 이런 날이 좋더라고요. 으스스한 느낌이 왠지 좋아요.

알아 두면 좋아요

안 좋은 날씨에 대해 말하기

위 대화문에서는 좋은 날씨에 관한 주제였으니, 안 좋은 날씨에 관한 예문도 보겠습니다. 앞에서 배운 표현을 활용해, 오피스 스몰토크의 예를 보죠.

A It's so bad out there. I didn't think it would be this bad when I left the house this morning.

B I hope they let us leave early.

A **If this weather continues, they should close the office tomorrow.**

B I heard they already closed schools.

A I guess it's not going to get better anytime soon.

B Either way, careful driving later.

A Yeah, you too!

A 날씨 정말 안 좋네요. 아침에 집에서 출발할 때는 이렇게 안 좋을지 몰랐어요.
B 오늘 일찍 퇴근하라고 하면 좋겠어요.
A 계속 날씨가 이러면, 내일 사무실 문을 닫아야겠는데요.
B 학교들은 벌써 닫았다고 들었어요.
A 날씨가 금방 좋아질 것 같진 않네요.
B 하여튼, 이따 운전 조심하세요.
A 네, 운전 조심해요!

여기서 꿀팁

미국 화씨와 한국 섭씨 온도 표현의 차이

'화씨 70도'라고 하면 몇 도일까요? 화씨 70도는 섭씨로 활동하기 딱 좋은 날씨입니다. 미국은 주로 화씨를 쓰고, 우리나라는 섭씨를 쓰기 때문에 서로 전환할 줄 알면 유용합니다. 빠르게 화씨와 섭씨를 전환하는 공식을 알려 드릴게요.

- **섭씨를 화씨로 (°C X 1.8) + 32 = °F**(곱하기 1.8 대신에 대략 2로 계산)
- **화씨를 섭씨로 (°F - 32) / 1.8 = °C**(나누기 1.8 대신에 대략 2로 계산)

그래서 화씨 70도를 섭씨로 바꾸면 (70-32)/2=19입니다. 우리가 가장 편안하게 느끼는 온도죠. 이렇게 숫자 '2'와 '32'만 기억하시면 얼른 섭씨에서 화씨 전환을 할 수 있게 된답니다.

미국 현지 문화

스몰토크의 주제로 날씨 이야기는 진부하다?

미국 사람들은 정말로 날씨에 대한 스몰토크를 많이 합니다. 진부한 주제라고 생각할 수도 있지만, 보편적으로 관심을 가지는 주제이기도 해서 여러 가지 다양한 표현을 숙지해 놓으면 유용하게 쓸 수 있어요. 영어로는 "Stick with classics."라고 하는데, 뻔한 것 같지만 클래식하고 무난한 주제를 쓰라는 말입니다. 절대 스몰토크를 망칠 일이 없는 안전한 주제니까요.

Unit 2

가족과 고향에 대한 대화

I'm from the Midwest.

오늘 처음 만난 직장 동료 클로이와 매트. 잠시 쉬는 시간에 커피를 마시며 서로에 대해 좀 더 알아보는 자리를 갖는다.

Chloe   I hear a slight accent. Did you grow up here?

Matt   No, I'm from the Midwest. I came out here for college and then just stayed after graduation.

Chloe   That's cool! What do you miss most about home?

Matt   The fresh air and open spaces. I love it here but sometimes I feel claustrophobic in the city.

Chloe   Yeah, I bet. Do you have any siblings?

Matt   I'm from a family of ten. We're scattered everywhere but we all try to make it home for Thanksgiving.

Chloe   Ten! Your poor mother. Must have been wild growing up!

Matt   Yeah, it was like a circus every day!

해석

Chloe 악센트가 살짝 있으시네요. 여기에서 자라셨어요?

Matt 아니요, 전 중서부 지방에서 왔어요. 여기는 대학교 때 와서, 졸업하고 그냥 쭉 있게 됐어요.

Chloe 그렇군요! 고향에 대해서 제일 그리운 게 뭐예요?

Matt 신선한 공기와 널찍하게 뚫린 공간이요. 여기 생활이 좋긴 하지만 가끔 도시에서는 폐소공포증(답답함)이 느껴져요.

Chloe 네, 그렇겠네요. 형제들은 어떻게 되세요?

Matt 우린 식구가 열 명이에요. 미국 전역에 퍼져 살고 있는데, 추수감사절에는 다 모이려고 노력해요.

Chloe 열 명이요! 어머님이 힘드셨겠네요. 크면서 다사다난 했겠어요!

Matt 그럼요, 매일이 서커스 같았죠!

오늘의 표현

1. slight
2. the Midwest
3. What do you miss most about ~?
4. claustrophobic
5. a family of ten
6. make it home

오늘의 표현 뜯어보기

1 slight

'slight'는 '약간의'라는 뜻인데, 상대방의 악센트가 정말 심하더라도 표현을 부드럽게 하기 위해서 이런 형용사를 쓰곤 해요. 참고로 'heavy accent'는 악센트가 아주 강할 때 쓰는 표현이에요.

2 the Midwest

여기서는 미국 중서부 지방을 가리킵니다.

3 What do you miss most about ~?

스몰토크에서 쓰기 아주 좋은 의문문 패턴입니다. 상대방이 먼 곳에서 온 사람이거나 다른 휴가 지역에 머물다 온 상태라면, 그곳에 관해서 어떤 게 가장 좋았는지를 물어보는 표현이에요. 상대방에 대해 더 잘 알 수 있는 기회를 만들 수 있죠.

4 claustrophobic

이 단어는 '폐소공포증'이라는 명사 claustrophobia의 형용사 형태입니다. 어려운 말처럼 느껴지지만, 실생활에서 엘리베이터 타는 걸 싫어하거나, 병원에서 CT 촬영할 때 쓰는 튜브 형태의 좁은 공간을 무서워하는 사람들이 흔하게 쓰는 단어예요.

5 a family of ten

'가족이 몇 명이다'라고 표현할 때 'a family of+숫자'라고 주로 말합니다. 한국 사람들이 많이 실수하는 표현이 "우리 집에는 식구가 ~명이에요."라는 표현인데, 예를 들어 "My family has four people."이라고 말하면 문법적으로는 맞지만 뭔가 어색한 표현이 됩니다. "There are four in my family."라고 말하는 게 더 원어민 같은 표현입니다.

6 make it home

'make it home'은 '집에 겨우 도착하다, (힘들게) 집에 오다'라는 의미가 있습니다. 미국 전역에 사는 가족들이 추수감사절에 집에 모이려고 노력한다는 문맥을 생각하면 이해가 될 거예요.

센스 있는 영어 플러스

'고향(hometown)'을 주제로 말문 열기

초면인 사람과의 대화에서 제일 흔한 주제 중에 하나가 어디 출신인지, 고향은 어떤 곳인지 설명하는 것이에요. 여러분이 스몰토크에서 유용하게 쓸 수 있는 질문과 대답을 모아 봤어요. 가상으로 만든 것이니 여러분의 실제 고향 정보로 바꾸면 됩니다.

- Q: What's (the name of) your hometown and where is it?
  A: South Riding is my hometown. It is a town located in Northern Virginia.
  Q: 고향(고향 이름)이 어디예요? 그리고 어디에 있어요?
  A: 제 고향은 사우스 라이딩이에요. 북쪽 버지니아에 있는 타운이에요.

- Q: Is that a big city or a small place?
  A: It's a small town with slightly more than 24,000 people.
  Q: 거기는 대도시예요, 작은 동네예요?
  A: 인구가 이만 사천 명 조금 넘는 작은 타운이에요.

- Q: What's your hometown like? Tell me about your hometown.
  A: It has lots of green spaces, with around 6 miles of trails. I love the breathtaking view of landscapes with greenish lakes in my hometown.
  Q: 당신 고향은 어떤 곳인가요? 고향에 대해서 좀 더 이야기해 주세요.
  A: 산책길이 6마일 정도 되고, 나무, 숲이 많아요. 저는 제 고향에 녹색 자연 환경이 있는 멋진 호수 경치를 참 좋아한답니다.

○ **Q: How long have you been living there?**
   A: I had lived there for around 15 years before my family left for Washington D.C. It's been more than ten years since I left my hometown.

   Q: 거기에서 얼마나 사셨어요?

   A: 저희 가족이 워싱턴으로 떠나기 전까지 거기서 15년 정도 살았어요. 고향을 떠난 지 10년이 넘었네요.

○ **Q: Do you like your hometown? What do you like (most) about your hometown?**
   A: Yes, I do like my hometown! I like the hospitality of people in my hometown. Also, everyone was willing to give others a hand when they needed help. The school system is really good, too.

   Q: 고향이 좋아요? 당신 고향에 대해서 (가장) 마음에 드는 점이 무엇인가요?

   A: 네, 전 제 고향이 정말 좋아요! 전 우리 고향 사람들의 친절함이 좋고요. 도움이 필요할 때 서로 먼저 손길을 건네려고 하는 점도요. 학군도 정말 좋아요.

○ **Q: Do you often visit your hometown?**
   A: I do visit occasionally when there are some celebrations. I also go on a long drive after some hectic weekends.

   Q: 고향을 자주 방문하세요?

   A: 축제가 있을 때 종종 방문하죠. 그리고 정말 정신없이 주말을 보내고 난 후에도 오래 드라이브하러 가기도 해요.

여기서 꿀팁

스몰토크의 흔한 주제 '가족'

스몰토크를 통해서 상대방과 가까워지려면 그 사람이 좋아하는 취미, 경험, 가족 등에 대한 가벼운 질문으로 대화를 시작하면 좋아요. 스몰토크를 할 때 많이 쓰는 주제가 바로 '가족'에 대한 것이죠. 가족에 대해 이야기할 때 한 가지 유의할 점은, 자녀에 관한 질문을 할 때입니다. 난임 등의 어려움이 있을 수 있으니 상대방이 아이에 관해서 자연스럽게 이야기를 시작했을 때 질문을 하면 됩니다. 사람마다 각자 살아 온 배경, 종교, 나라가 다르니 일반적인 질문을 하는 게 안전합니다. 부담 없이 가족과 관련하여 유용하게 쓸 수 있는 문장 몇 개를 알아볼게요.

- **Do you have any brothers or sisters?**
  형제나 자매가 있으신가요?

- **How long have you been with your partner?**
  애인과 얼마나 오래 사귀셨나요?

- **Where does your family live?**
  가족들은 어디 살아요?

- **Do you have a big family?**
  대가족에서 자라셨어요?

- **What's your family tradition for holidays?**
  명절마다 지키는 가족만의 전통이 뭐예요?

미국 현지 문화

추수감사절과 크리스마스

미국에서 가장 중요한 가족 명절이 바로 추수감사절(Thanksgiving)입니다. 11월 마지막 주 목요일이죠. 우리나라 추석만큼이나 중요한 미국 명절인데, 이때가 되면 항공사들도 바빠지고, 고속도로에 교통 체증도 생기고, 미국 내 인구의 이동이 꽤 많아집니다. 미국이 워낙 크기 때문에 일 년에 한 번 가족이 한 곳에 모여서 시간을 보내는 게 아주 큰 일입니다. 추수감사절에는 칠면조 요리와 stuffing(같이 상에 내어 놓는 사이드 메뉴들), 각종 파이 등을 먹지요.

현지에서는 보통 추수감사절과 동시에 크리스마스 장식을 시작합니다. 또한 Black Friday(1년 중 가장 큰 세일 행사일)에 쇼핑몰을 가면 이미 연말 분위기가 완연합니다. 추수감사절이 낀 주말에는 가족들이 크리스마스 나무를 구하러 농장에 갑니다. 직접 톱으로 나무를 자르면, 농장 직원들이 차 위에 밧줄로 묶어 주죠. 농장 방문이 힘든 도시 지역에서는 식물원이나 월마트, 홈디포(HomeDepot)에서 나무를 구입하기도 합니다.

Unit 3

홈 파티에서의 대화

How do you know her?

산드라가 직장 동료 엠마를 홈 파티에 초대했다. 산드라의 동네 이웃인 매트와 엠마가 처음 만나 대화를 시작한다.

Emma	Hi, I'm Emma. I work with Sandra. How do you know her?
Matt	I'm Matt and I'm her neighbor. I live across the street.
Emma	Nice to meet you.
Matt	Nice to meet you, too. She put together a nice party. Have you tried the finger foods yet? So good!
Emma	The deviled eggs are my favorite. I'll have to ask her for the recipe.
Matt	Actually, I brought those! Glad you liked them.
Emma	Are you a chef? I've never had more delicious eggs in my life.
Matt	Ah, yeah, I just graduated from culinary school not too long ago. I work at a French place in midtown.
Emma	Well, don't try the ambrosia. I brought it and I'm so embarrassed now.
Matt	Don't be silly, I love canned fruit!

해석

Emma	안녕하세요, 전 엠마라고 해요. 산드라와 같이 일해요. 산드라와는 어떻게 아는 사이예요?
Matt	전 매트예요. 산드라의 이웃입니다. 길 건너편에 살아요.
Emma	반가워요.
Matt	저도 만나서 반가워요. 산드라가 파티를 정말 잘 준비했네요. 핑거 푸드 먹어 봤어요? 정말 맛있어요!
Emma	전 데블 에그가 제일 맛있어요. 산드라에게 레시피 좀 달라고 해야겠어요.
Matt	사실은 그거 제가 가져왔어요! 맛있다니 다행이네요.
Emma	셰프예요? 이렇게 맛있는 계란을 먹어 본 적이 없어요.
Matt	아, 네. 얼마 전에 요리 학교를 졸업했거든요. 미드타운에 있는 프랑스 식당에서 일하고 있어요.
Emma	아, 앰브로시아는 먹지 마세요. 제가 가져왔는데, 지금 완전 창피해요.
Matt	아니에요, 저 통조림 과일 엄청 좋아해요!

오늘의 표현

1 How do you know ~?
2 put together
3 deviled eggs
4 Glad you like them.
5 culinary school
6 French place
7 ambrosia

오늘의 표현 뜯어보기

1 How do you know ~?

어떤 사람을 사이에 두고 처음 만난 경우에 아주 자주 쓰는 표현입니다. "~를 어떻게 알게 되셨어요?"라는 뜻으로, mutual friend(서로 아는 친구)를 어떻게 처음 알게 되었냐고 물어볼 때 쓰는 패턴이죠.

2 put together

'put together'라는 구동사도 현지에서 많이 씁니다. 이 대화에서는 assemble(조립하다)의 의미보다는 coordinate 또는 organize의 의미로 쓰였어요. '정리하다, 이벤트 계획을 짜다, 파티를 준비하다'라는 뜻이죠.

3 deviled eggs

'deviled eggs'는 핑거 푸드 중에 아주 인기 있는 음식이에요. 계란을 반으로 잘라 노른자와 마요네즈, 소금, 후추, 머스타드를 섞고, 그 위에 파프리카 등으로 장식을 합니다.

4 Glad you liked them.

실제 구어체에서는 흔히 'I am'을 생략해서 말해요.

5 culinary school

'요리 학교'라는 뜻으로, 발음에 주의해야 합니다. '큘리네리'가 아니라 '컬리너리'에 가깝습니다.

6 French place

영어에서 place를 쓸 때는 restaurant을 의미합니다. 'French restaurant'이라고 말하는 것보다 place를 쓰는 게 원어민에게는 더 자연스럽게 들리고, 실제로 더 많이 씁니다.

7 ambrosia

ambrosia는 '신의 음식'이라는 그리스 신화의 어원에서 온 말입니다. 꽃 이름으로도 알려져 있고, 여성의 first name으로도 쓰입니다. 단어의 시작이 대문자가 아니라 위 대화처럼 소문자를 쓰면 디저트를 뜻합니다. 보통 오렌지, 코코넛, 마시멜로, 통조림 과일 등을 섞어 만든 샐러드인데, 파티에서 아주 흔하게 나오는 메뉴입니다.

센스 있는 영어 플러스

파티 자리에서 기억해야 할 표현들

1 처음 만나서 인사할 때 조심해야 할 표현

- **Nice to meet you.** 만나서 반가워요.
  = **Glad to meet you.**
  = **Good to meet you.**
  = **Pleasure to meet you.**

  이 표현들은 처음 만난 사이에 쓸 수 있는 무난한 문장들입니다. 단지, "Pleasure to meet you."는 좀 더 격식 있는 자리에 어울리는 말이에요. 그리고 많이 실수하는 표현이 "Nice to see you." 혹은 "Good to see you."인데, see는 구면인 경우에만 사용하고 초면인 경우에는 사용하지 않는다는 걸 꼭 기억하세요.

2 '어떤 사람 혹은 계기를 통해 만났다'라고 표현하고 싶을 때

- **meet somebody through~** ~를 통해서 만나다

  이 표현은 아주 유용해요. 예를 들어, "난 소피아를 대학교 때 생물학 수업에서 만났어."라고 할 때 "I met Sophia through a biology class in college."라고 말하면 아주 자연스러운 표현이 됩니다.

3 '어느 모임에서 만났다'라고 표현하고 싶을 때

- **meet at ~** ~에서 만나다

  예를 들어, "We actually met at a church meeting last summer."라고 하면 "우리는 사실 작년 여름에 교회 모임에서 만났어요."라는 문장이 됩니다. 여기서 조심할 건, meeting이라는 명사는 셀 수 있는 가산명사이기 때문에 꼭 a를 앞에 써 줘야 한다는 거예요.

4 초대한 집 주인을 칭찬해 주는 표현

○ **He's been such a great friend!**
그는 정말 좋은 친구예요!

과거에 만난 순간부터 지금까지 계속 좋은 친구였으니 현재완료 시제를 써야 합니다. 우리말은 이런 시제 처리가 어색하지만, 영어에서는 아주 중요하니 말할 때 신경을 써야 해요. 여기서 'He's been'은 'He has been'을 줄인 말이라는 것 기억하세요.

5 대화를 마무리하고 자리를 뜰 때 (일명 exit lines)

○ **This has been great—thanks for telling me about the restaurant. Do you have a card?**
대화 즐거웠어요. 그 레스토랑에 대해 얘기해 줘서 고마워요. 명함 있으세요?

○ **I'm going to go grab some food[a drink]. Great to meet you.**
이제 음식[음료, 술]을 좀 가져오려고 해요. 만나서 반가웠어요.

○ **I see my friend over there and should probably go say hi. Want to exchange contact info?**
저기 제 친구가 있네요. 가서 인사해야겠어요. 우리 연락처 주고받을까요?

○ **Excuse me, I'm going to use the restroom. Enjoy the rest of the party!**
실례할게요, 화장실에 가야겠어요. 남은 파티 재밌는 시간 보내세요!

여기서 꿀팁

RSVP가 뭐예요?

파티에 초대 받았을 때에는 본인의 참석 여부를 알려 주는 것이 기본 에티켓이겠죠? 파티 초대장에 RSVP를 해 달라는 문구가 적혀 있는 경우가 있습니다. 불어로 "Répondez s'il vous plait."인데, "Please respond.(회신 주세요.)"라는 뜻입니다. 보통 참석 여부와 함께 동행하는 다른 게스트의 숫자를 알려 주는 게 예의입니다. 특히 결혼식에는 자세하게 써 줄수록 좋습니다. 아이들이 몇 명인지, 몇 살인지에 따라 예식장 측에서 청구하는 금액이 달라지기 때문이죠. RSVP를 회신하는 예시를 보겠습니다.

1 참석할 수 있을 때

Hi Sophia,

Thank you for inviting me to your party! I will be attending and have marked the date on my calendar.
I really look forward to your home-made cookies! See you on next Friday!

Regards,
[Signature]

소피아 씨, 안녕하세요.
파티에 초대해 주셔서 감사합니다! 저는 참석할 예정이며, 제 일정표에 적어 뒀습니다.
직접 만드신 쿠키가 정말 기대되네요! 다음 주 금요일에 만나요!
OOO 드림

2 초대를 예의 있게 거절할 때

Hi Sophia,

Thanks so much for inviting me to your party! Unfortunately, I'm busy on next Friday and won't be able to make it.
Really sad to miss ~. Let's catch up soon!

Best,
[Signature]

소피아 씨, 안녕하세요.
파티에 초대해 주셔서 정말 감사드려요! 아쉽지만 다음 주 금요일에 바쁜 일이 있어 참석할 수 없게 되었어요. ~에 못 가게 되어 정말 아쉽네요. 곧 연락드릴게요!
OOO 드림

미국 현지 문화

홈 파티의 음식 준비

파티 호스트가 음식 준비에 대한 부담을 덜 수 있도록 음식을 조금씩 싸 오는 파티를 Potluck Party라고 합니다. Potluck Party가 아니더라도 홈 파티에 초대 받았을 때에는 가져갈 것이 있는지 물어보는 게 에티켓입니다. 직접 음식을 준비하지 않고 출장서비스를 부르는 것은 영어로 Catering service라고 합니다.

Unit 4

직장에서 자기소개하기

People actually smile here!

회사에 입사한 지 얼마 안 된 엠마가 직장 동료가 된 매트에게 처음 자기소개를 한다.

Emma   Hi, I'm Emma. I'm new here—got hired a few weeks ago. It's nice to meet you.

Matt   Hey, Emma! I'm Matt. It's nice to meet you as well. I've worked here for about 4 years. How do you like it so far?

Emma   It's great! A much nicer atmosphere than my previous job. People actually smile here!

Matt   Yeah, we're a bit more relaxed and the boss is great, she's so thoughtful. It's her kindness that makes us want to work harder for her.

Emma   She interviewed me herself. That's the kind of personal touch I appreciate.

Matt   She invites us to her beach home for Memorial Day weekend, it's actually a good time.

Emma   Oh, I saw the evite, I was wondering if people were going. Do you bring something with you?

Matt   Yeah, I know her favorite wine so I always bring a bottle.

Emma   Good to know. I know a cute little gift store around the corner from here. I'll go after work.

해석

Emma 안녕하세요, 저는 엠마예요. 몇 주 전에 입사한 신입이에요. 만나서 반갑습니다.

Matt 안녕하세요, 엠마! 전 매트예요. 만나서 저도 반가워요. 전 여기서 4년 정도 일했어요. 여기서 일해 보니 어때요?

Emma 너무 좋아요! 전에 일하던 곳보다 훨씬 분위기가 좋네요. 여기 사람들은 웃고 있어요!

Matt 네, 우리는 좀 편하게 일하는데다 사장님도 멋지고, 굉장히 사려 깊어요. 그분이 친절하셔서 우리는 더 열심히 일하고 싶은 마음이 들죠.

Emma 사장님이 직접 저를 인터뷰하셨어요. 제가 고마워하는 게 그런 개인적인 배려예요.

Matt 메모리얼 데이 주말에는 사장님의 해변가 집으로 초대를 하시는데, 정말 좋은 시간을 보내곤 하죠.

Emma 아, evite(파티나 행사에 게스트를 초대할 수 있는 온라인 사이트) 봤는데, 사람들이 정말 가는지 궁금했어요. 갈 때 뭐 가져가세요?

Matt 사장님이 제일 좋아하는 와인을 알거든요, 그래서 항상 한 병씩 가져가요.

Emma 좋은 정보네요. 이쪽 코너에 아담하고 예쁜 선물 가게를 알아요. 일 끝나고 거기 가 봐야겠어요.

오늘의 표현

1. I'm new here—got hired a few weeks ago.
2. How do you like it so far?
3. People actually smile here!
4. It's her kindness that makes us want to work harder for her.
5. personal touch

오늘의 표현 뜯어보기

1 I'm new here — got hired a few weeks ago.

회사에 입사해서 처음 자기소개를 할 때 캐주얼하게 쓸 수 있는 좋은 표현입니다. '채용되다'라는 의미로 'get hired'라고 수동태 표현을 쓴다는 것에 주의하세요.

2 How do you like it so far?

스몰토크의 물꼬를 자연스럽게 틀 수 있는 아주 좋은 표현이에요. "지내보니 여기 어때요?", "지금까지는 일할 만한가요?" 등의 어감으로 상대가 느낀 점을 이야기할 수 있도록 대화를 끌어가는 표현입니다.

3 People actually smile here!

이 표현은 직역으로 이해하면 안 돼요. 이 대화문에서는 엠마가 현재 직장이 전 직장에 비해 얼마나 분위기가 다른지 농담조로 말하고 있어요. 여기서 부사 'actually'는 위트 있는 어감을 한층 더 살려 주는 핵심 단어입니다. '사실', '실제로'라고 억지로 해석할 필요가 없고, 문장을 생생하게 살려 준다는 느낌으로 받아들여야 해요. 이런 짧은 유머 표현들도 알아 두면 유용하답니다.

4 It's her kindness that makes us want to work harder for her.

문법 시간에 'It is+명사/부사어구+that절'을 암기했던 기억이 있으신가요? 문장 앞에 나오는 '명사/부사어구'를 강조하기 위한 문장구조로, 실제로 원어민들이 정말 많이 쓰는 표현이에요. 다른 예문을 좀 더 볼게요.

- **It was yesterday that I met him.**
  그를 만난 게 어제야. – 그를 만난 게 '어제'였다는 걸 강조

- **It was at the party that I felt sick.**
  몸이 안 좋다는 걸 느낀 게 그 파티에서였어. – 부사구 'at the party'를 강조

- **It is next year that she wants to go to Korea.**
  그녀가 한국에 가고 싶은 때는 내년이야. – 명사구 'next year'를 강조

5 personal touch

직역하면 '개인적인 손길'이라는 뜻이죠. 위 대화문에서는 사장이 개인적인 배려와 관심을 준다는 의미로 쓰였습니다. 직장 내 인사 과정에서 이 'personal touch'의 힘은 강력합니다. 이 표현은 인맥을 사용해서 억지로 상황을 유리하게 만든다는 의미가 아닙니다. 냉정하고 사무적으로 평가받는 곳에서, 따로 도움을 요청한 적이 있거나 업무에 대해 열정적으로 물어본 적이 있는 경우, 아무래도 유리한 네트워크 관계가 형성될 수 있어요. 이런 느낌으로 'personal touch'라는 표현을 쓴답니다.

센스 있는 영어 플러스

본인을 소개할 때의 에티켓

"Hi, I'm Emma.(안녕하세요, 저는 엠마예요.)"라는 표현 외에, 자기 이름을 소개하는 표현을 몇 개 더 알아 볼게요.

- Hello, my name is Emma.
- Hello, I'm Emma[or Emma Kim].
- Hello, I'd like to introduce myself. I'm Emma.

여기서 주의할 점은 자기소개를 할 때 Title(Mr., Ms.)을 쓰면 안 된다는 겁니다. 스스로 자기소개를 할 때는 "I'm David Lee."라고 해야지, Mr. Lee라는 존칭을 본인에게 쓸 수는 없어요. 제가 통역하면서 한국 사람들이 이렇게 실수하는 것을 워낙 많이 봤어요. 원어민에게는 정말 이상하게 들리기 때문에 조심해야 합니다.

본인에게 존칭을 붙일 수 있는 예외적인 경우가 딱 하나 있는데, 어린아이에게 어른의 호칭을 알려 줄 때입니다. 이때는 Aunt Sophia, Ms. Sophia라고 알려 줘서 다음부터 그렇게 부르도록 할 수 있습니다.

그럼 대학교 첫 수업에 David Lee라는 교수님이 들어와서 자기소개를 할 때는 뭐라고 할까요? 그럴 때는 "Hello, I'm David Lee."라고 하고, 학생들은 알아서 "Hello, Dr. Lee."라고 합니다. 대학생은 이미 호칭을 어떻게 해야 하는지 알기 때문이죠.

타인을 소개할 때의 에티켓

엠마가 클로이, 매트와 각각 친구 사이이고, 서로 모르는 이 두 사람(클로이와 매트)을 소개해 주는 상황이라고 가정해 보겠습니다. 이때 소개해 주는 상대방에게 소개시키는 사람을 두고 "She/He is ~."라는 말 대신 "This is ~."라는 표현을 씁니다. 다음의 예문을 보세요.

- **Sophia, this is my friend, Matt Artinger. Matt, this is my childhood friend, Sophia Kim.**

  소피아, 여기는 내 친구 매트 아틴저야. 매트, 여기는 내 어릴 때 친구 소피아 김이야.

두 사람을 연결해 줄 때 다음과 같은 말을 하면서 소개하면 좋아요.

- **I would like you two to meet.**

  둘을 서로 소개해 주고 싶어.

- **I'd like you to meet my friend, Sophia.**

  내 친구 소피아를 소개해 주고 싶어.

배운 표현들을 잘 익혀서 본인 소개, 타인 소개에 자신감을 가지고 말해 보세요.

여기서 꿀팁

우리말로 '빈손으로 간다'는 영어로?

우리말로 '빈손으로 간다'라고 할 때 '빈손으로'라는 표현은 영어로도 empty-handed라고 해요. 앞 대화문에서는 쓰이지 않았지만, empty-handed라는 표현을 파티 초대 등에서 자주 듣게 될 거예요.

보통 파티를 여는 호스트는 게스트가 부담 갖지 말고 편하게 오라는 의미에서 "No Need to Bring Anything. Just Yourself!(아무것도 가지고 오지 마세요. 몸만 오세요!)"라는 문구를 씁니다. 그래도 잘 모르는 사람의 집에 초대되어 갈 때 빈손으로 가는 것은 추천하지 않습니다. 파티 호스트가 부담 없이 받을 수 있는 작고 센스 있는 선물을 가져가는 걸 추천합니다. 그런 의미에서 "절대 빈손으로 가지 맙시다."라는 문장은 "Never Show Up Empty-Handed."라고 합니다.

이 외에도 비즈니스 협상에서 헛수고를 했거나 성사되는 일 없이 돌아간다고 할 때 'leave empty-handed'라는 표현을 쓸 수 있습니다.

알아 두면 좋아요

Memorial Day

Memorial Day는 매년 5월 마지막 주 월요일로, 미국인들이 죽은 사람들을 추모하는 날이에요. 우리나라로 치면 현충일과 비슷합니다. 실제 여름은 6월에 시작하지만, 미국인에게는 Memorial Day가 여름의 시작을 알리는 공휴일의 느낌이 강합니다.

미국 현지 문화

온라인으로 파티에 초대하기

Evite는 온라인으로 파티나 행사에 게스트를 초대할 수 있는 사이트로, 학교, 집, 직장 등 전반적인 social life에 쓰이고 있습니다. 이 사이트를 이용하면 편하게 게스트를 초대하고 RSVP 답장을 할 수 있죠. 저는 개인적으로 아이들 학교에서 class mom을 하면서 이 사이트를 사용했고, 반대로 지인의 bridal shower나 회사 파티 등에 초대 받았을 때 여기에 RSVP 답장을 했습니다. 여러분이 파티 호스트라면 꼭 며칠 전에는 Reminder를 보내어 게스트들이 행사를 잊지 않도록 하는 게 센스 있겠죠. Reminder는 비즈니스 이메일 등에서도 아주 자주 보게 되는 단어인데, 약속이나 해야 할 일정 등을 상기시켜 주는 이메일, 편지, 문자 알림, 노트 등을 의미합니다.

Unit 5

직업에 대해 이야기하기

That job is travel-heavy.

제약 회사에서 일하는 클로이와 회계사인 벤이 바에서 처음 만나 이야기를 나누기 시작한다.

Chloe So, what do you do?

Ben I'm an accountant for a firm in Midtown. What about you?

Chloe I'm in sales for a pharmaceutical company. That's why I'm in New York for the week.

Ben Oh yeah, that job is travel-heavy. Are you enjoying it?

Chloe For now, yes. But I don't think I can do this job long-term. Eventually, I'd like to settle down in one place.

Ben What's been your favorite city so far?

Chloe I really like going anywhere in the South. The food is good, the music is live, and the people are so friendly. Living costs aren't so bad either. Why did you get into accounting?

Ben It's stable and I figure I'll always be able to find a job wherever I end up.

해석

Chloe	저, 무슨 일 하세요?
Ben	미드타운에서 회계 일을 해요. 그쪽은요?
Chloe	제약 회사에서 영업부에 있어요. 그래서 이번 주에 뉴욕에 있는 거예요.
Ben	아, 그렇군요, 그쪽 일이 원래 출장이 잦죠. 일하는 거 좋아요?
Chloe	네, 지금은요. 그런데 오래는 못 할 것 같아요. 결국에는 한곳에서 정착하고 싶거든요.
Ben	지금까지 다닌 도시 중에 어디가 제일 좋았어요?
Chloe	남부 쪽은 어디든 다 좋더라고요. 음식도 맛있고, 음악도 좋고, 사람들도 정말 친절해요. 물가도 싸고요. 회계 일은 어떻게 시작하게 된 거예요?
Ben	안정적이고, 어떻게 되던 항상 일자리는 구할 수 있을 것 같아서요.

오늘의 표현

1. What do you do?
2. I'm an accountant for a firm
3. What about you?
4. I'm in sales for a pharmaceutical company.
5. travel-heavy
6. Why did you get into ~?

오늘의 표현 뜯어보기

1 What do you do?

첫 데이트, 또는 누군가를 처음 만났을 때 상대방에게 어떤 일을 하냐고 물어보죠. "직업이 뭐예요?"라는 의미로 "What's your job?", "What's your profession?"이라고 물어보면 굉장히 어색하고 딱딱하게 들립니다. 보통은 "무슨 일 하세요?"라는 의미로 "What do you do?"라고 한답니다.

2 I am an accountant for a firm.

어느 회사에서 일한다고 말할 때에는 회사 앞에 전치사 for를 쓰면 자연스럽습니다. 그리고 보통 '회사'를 단순히 company라고 하는 경우가 많은데, 대화문처럼 회계 법인이나 로펌 등의 프로페셔널 서비스를 제공하는 회사는 firm이라고 합니다.

3 What about you?

질문을 받고 난 다음에는 상대방에게도 같은 질문을 해 주는 것이 예의입니다. 이때 질문을 똑같이 반복할 필요 없이 "What about you?(당신은요?)"라고 물어보는 것이 원어민스러운 표현이에요.

4 I'm in sales for a pharmaceutical company.

"영업부에 있어요."를 영어로 표현할 때 전치사 in을 쓰고 그 뒤에 부서를 쓰면 됩니다. 예를 들어, '인사과'에 있다는 표현은 'in HR'이라고 할 수 있죠. '제약 회사에서'라는 표현을 덧붙이려면 전치사 for를 쓰는데, 회사명에 관사 a를 쓴다는 것을 잊지 마세요. company는 셀 수 있는 가산 명사이기 때문이에요.

5 travel-heavy

영어는 '명사-형용사'를 결합하여 여러 가지 새로운 형용사를 만들 수 있습니다. '~이 잦은'이라는 표현을 할 때 heavy라는 형용사를 쓴다는 것도 우리의 사고 방식과 많이 다르죠. 예를 들어서 어떤 사람이 흡연을 너무 많이 한다고 할 때는 "He is a heavy-smoker."라고 말합니다. 그래서 '출장이 잦은'이라는 말은 travel-heavy라고 할 수 있습니다. 또 다른 표현을 볼게요. savvy는 '~에 정통한'이라는 형용사인데, 이 단어를 '기술(technology)'이라는 명사 뒤에 붙여 주면 tech-savvy(기술적으로 정통한)이라는 새로운 단어가 됩니다. '기술에 정통한 요즘 소비자들'을 영어로 표현하면 'today's tech-savvy consumers'가 되는 거죠.

6 Why did you get into ~?

상대방이 어떻게 입문하게 되었는지 동기를 물을 때 유용한 표현입니다. How라는 의문사로 시작해도 같은 의미예요. 다음의 예문을 보면 이해가 쉬울 거예요.

- **Why did you get into yoga?** 어떻게 요가에 관심을 갖게 됐어요?
  = **How did you get into yoga?**

센스 있는 영어 플러스

현재완료 시제를 이용한 '활용도 100%' 질문

스몰토크를 할 때 상대방의 '경험'이나 '관심사', '취미' 등에 대해 물어보는 것은 기본입니다. 스몰토크를 하면서 자신감을 가질 수 있도록 현재완료(have+p.p.) 시제를 사용한 다양한 질문을 알아 보겠습니다.

1 다녀 온 여행지, 도시 등에 관한 질문

- **Where is the best place you have ever been?**
  여태까지 가 본 곳 중 어디가 가장 좋았어요?

- **What's been your favorite city so far?**
  지금까지 가 본 도시 중 어디가 가장 좋았어요?

- **Where have you traveled?**
  어디를 여행해 봤어요?

- **Have you ever been to a European country?**
  유럽 국가에 가 본 적 있나요?

2 특이한 경험에 관한 질문

- **Have you ever shot a gun?**
  총을 쏴 본 적 있나요?

- **Have you ever tried Korean BBQ?**
  한국 바비큐 먹어 본 적 있어요?

- **Have you ever drastically changed your hairstyle?**
  과감하게 머리 스타일을 바꿔 본 적 있나요?

- **What's the strangest food you've tried?**
  먹어 본 것 중 가장 이상한 음식은 뭐였어요?

- **Have you ever met a famous person?**
  유명한 사람을 만나 본 적 있나요?

- **Have you ever run a marathon?**
  마라톤에 나가 본 적 있나요?

- **Have you ever tried any extreme sports?**
  익스트림 스포츠를 시도해 본 적이 있나요?

3 관심사, 취미, 흥미 등에 대해 묻는 질문

- **What sports have you played?**
  어떤 스포츠를 해 봤어요?

- **How long have you studied English?**
  영어 공부를 얼마나 오래 했나요?

- **What's the best movie you've ever seen?**
  여태까지 본 영화 중에 뭐가 가장 좋았어요?

- **Have you ever played Fortnite?**
  포트나이트 게임을 해 본 적 있어요?

- **Have you ever made a cake?**
  케이크를 만들어 본 적 있어요?

- **Have you ever gone cycling?**
  사이클링을 하러 가 본 적 있어요?

알아 두면 좋아요

미드타운(Midtown)은 어디인가요?

대화문에서 나온 미드타운(Midtown)은 미드타운 맨해튼(Midtown Manhattan)을 줄인 말이에요. 미국 뉴욕 시 맨해튼의 중심 지역이죠. 엠파이어 스테이트 빌딩, 록펠러 센터, 크라이슬러 빌딩을 비롯한 타임스스퀘어도 미드타운에 있답니다. 미드타운을 중심으로 윗부분은 어퍼 맨해튼, 아래는 로어 맨해튼이라고 불러요.

여기서 꿀팁

long-term을 원어민처럼 쓰기

'장기적으로'라는 말을 영어로 할 때, 보통 'for the long term'이 떠오를 거예요. 하지만 원어민들은 전치사, 관사를 모두 생략하고 'long-term'이라는 형용사를 부사처럼 쓴답니다. 여기서 학생들이 많이 하는 질문 하나가 더 있어요. 바로 '하이픈(hyphen)은 언제 쓰나요?'입니다. 예문을 먼저 보시죠.

- **We are planning for the long term.** 우리는 장기간을 계획하고 있어.

- **This is a long-term plan.** 이건 장기적인 계획이야.

첫 번째 문장에서는 형용사 long이 명사 term을 꾸며 주는 형태예요. 반면 두 번째 문장은 관사 a 다음에 나오는 long-term 자체가 형용사가 되어 명사 plan을 꾸며 줍니다. 이렇게 두 단어가 합쳐져서 하나의 형용사 역할을 할 때 hyphen을 꼭 붙여 줘야 합니다.

미국 현지 문화

미국 남부에 대해 갖는 이미지

미국 남부는 맛있는 음식과 다양한 건축 양식, 풍부한 문화 등으로 거리가 먼 지역 사람에게는 또 다른 나라와 같은 이국적인 이미지를 준답니다. 여러분이 잘 아는 '파파이스 치킨'도 남부 루이지애나 주에서 온 거예요. 미국 남부 특유의 맛이 미국 전역을 넘어 전 세계로 유명해진 경우죠. 저도 여행으로 또 가고 싶은 곳입니다. 미국 남부의 멋진 건축물과 재즈 음악 등을 느껴 보고 싶은 분들께 강력 추천해요.

Unit 6

소개팅에서 음식에 대한 대화

Are you allergic to anything?

어색할 수 있는 소개팅 자리, 처음 만나는 클로이와 벤이 레스토랑에 자리를 잡고 나누는 대화이다.

Chloe   This is a nice restaurant. Have you been here before?

Ben   No, I found it on Yelp. They have a lot of good reviews. I hope the food is as good as they say.

Chloe   Yeah, I'm starving. Are you allergic to anything?

Ben   Some melons. I don't really like seafood. What about you?

Chloe   I don't have allergies, but I really don't like certain foods like beets, sushi, things like that.

Ben   Oh, like a mushy texture?

Chloe   Exactly! It makes my skin crawl.

Ben   Well, cheers to our first date and to never ordering a beet salad.

해석

Chloe 이 레스토랑 멋지네요. 여기 와 본 적 있으세요?

Ben 아니요, Yelp에서 찾았어요. 리뷰가 좋은 게 많더라고요. 리뷰에서처럼 음식이 맛있어야 할 텐데요.

Chloe 네, 배가 너무 고파요. 음식 알레르기가 있으신가요?

Ben 멜론 종류 몇 가지가 있어요. 해산물은 별로 좋아하지 않아요. 그쪽은요?

Chloe 전 알레르기는 없는데, 비트나 초밥 같은 그런 음식을 별로 안 좋아해요.

Ben 아, 물컹물컹한 식감이요?

Chloe 맞아요! 왠지 징그러워요.

Ben 자, 우리 첫 데이트가 잘 되길 바라며, 비트 샐러드는 절대 주문하지 말자고요!

오늘의 표현

1. Have you been here before?
2. found something on ~
3. I hope the food is as good as they say.
4. allergic to ~
5. mushy
6. make my skin crawl

오늘의 표현 뜯어보기

1 Have you been here before?

'~에 와 본 적 있나요?'라고 묻는 말로, 아주 자주 사용하는 표현이에요. 지인 사이에 단순히 와 봤는지 경험을 묻는 의미도 있지만, 박물관이나 레스토랑 등에서 직원이 이런 질문을 하면 시설을 이용할 줄 아는지 물어보는 의미가 돼요.

2 found something on ~

'~에서 뭘 찾았어요'라고 말할 때 '찾다'라는 의미의 find 과거형과 전치사 on을 씁니다. found 뒤에는 무엇을 찾았는지를, on 뒤에는 찾은 곳을 말하면 되겠죠. 예를 들어, 미국에서 유명한 쿠폰 앱인 Groupon에서 '요가 클래스 쿠폰'을 찾았다면, "I found the discount coupon for yoga on Groupon." 이렇게 말하면 돼요.

3 I hope the food is as good as they say.

'as+형용사+as+A' 용법은 어떤 것끼리 비교할 때 아주 자주 쓰이는 표현입니다. 'A만큼 ~한'이라는 의미죠. 예를 들어, "I hope the lasagna is as good as Sophia says."라고 하면 "라자냐가 소피아가 얘기한 만큼 맛있었으면 좋겠어."라는 말이 되는 거예요.

4 allergic to+명사

어떤 것에 알레르기가 있다고 할 때 'allergic to' 뒤에 명사를 붙여서 말할 수 있어요. 예를 들어, 고무(라텍스) 알레르기가 있다고 하려면, "I'm allergic to latex."라고 하면 되죠.

5　mushy

'물컹물컹한', '무른'이라는 촉감이나 식감을 의미하는 형용사는 mushy라고 해요. 쉬운 예로, 아보카도, 너무 익은 바나나 또는 복숭아, 아기 이유식, 홍시 등이 mushy한 음식에 속해요.

6　make my skin crawl

make my skin crawl은 '내 피부에 뭐가 다니는 것처럼 소름끼치게 하다, 불쾌하게 하다'라는 뜻이에요. 원래 crawl은 동사로 '기어가다', '벌레가 우글거리다', '근질근질하다', '오싹해지다'라는 뜻이 있으니, 연상하기 좋죠. 다음 단락으로 의미를 좀 더 익혀 보세요.

- ○ **Mr. Jenkins brought Mexican cockroaches to class yesterday, they were so gross. Just thinking about it makes my skin crawl.**
  어제 젠킨스 교수님이 수업 시간에 멕시코 바퀴벌레를 가져왔는데 너무 징그러웠어. 생각만 해도 진짜 소름 끼쳐.

센스 있는 영어 플러스

알레르기 혹은 예민 반응 관련 유용한 표현들

어딘가에서 음식을 먹을 때 gluten-free cupcakes 같은 메뉴를 보신 적 있나요? 생각보다 알레르기 종류는 정말 다양합니다. 더불어 알레르기는 아니지만 특정 음식에 예민한 사람들도 많죠. 초면인 상대와 음식을 먹을 때, 상대방이 알레르기가 있는지 혹은 특정 음식에 예민한지 물어보는 것은 좋은 에티켓이에요.

각종 알레르기의 종류와 음식의 예민성을 표현하는 단어를 정리해 보았어요. 여행을 갔을 때나 누군가의 집에 초대되었을 때, 처음 누군가를 만날 때 유용하게 쓸 수 있으니 잘 외워 두세요.

- **fish allergy** 생선 알레르기
- **wheat allergy** 밀 알레르기
- **shellfish allergy** 갑각류 알레르기
- **bean allergy** 콩 알레르기
- **nut allergy** 견과류 알레르기
- **cucumber allergy** 오이 알레르기
- **apple/peach/melon allergies** 사과/복숭아/멜론 알레르기
- **gluten-sensitive** 글루텐에 예민한
- **lactose-intolerant** 유당에 예민한(유제품에 예민한)
- **dust allergy** 먼지 알레르기
- **latex allergy** 라텍스 알레르기

- **pollen allergy** 꽃가루 알레르기

- **fur allergy** 동물 털 알레르기

참고로 '알레르기'의 영어 발음은 '앨러지'에 가깝습니다. '알레르기 반응'은 영어로 allergic reaction이라고 해요. 예를 들어, "저는 항생제를 먹고 나서 알레르기 반응이 있었어요."를 표현하려면, "I had an allergic reaction to the antibiotics."라고 하면 돼요.

알아 두면 좋아요

음식의 맛을 표현하는 영어 표현

음식을 먹고 맛을 표현하거나 상대방에게 어떤 맛인지 물어보고 싶을 때, 다양한 음식의 맛을 영어로 알아 두면 유용합니다. 단순히 달고 짠 맛 외에 다음 표현들을 익혀 보세요.

- **Buttery** 버터 맛이 나는
- **Cheesy** 치즈가 많이 들어간
- **Chewy** 쫀득쫀득한
- **Creamy** 크림이 많이 들어 있는
- **Crispy** 바삭바삭한, 아삭아삭한
- **Fishy** 생선 냄새가 나는, 비린
- **Fizzy** 청량 음료 같은, 톡 쏘는
- **Fresh** 청량감을 주는, 바로 만든(신선한)
- **Fruity** 과일 맛이나 향이 가득한
- **Gooey** 끈적거리는, 끈끈한
- **Tender** 육질이 부드러운

- **Greasy** 기름진
- **Juicy** 즙이 많은
- **Nutty** 견과 맛이 나는, 고소한
- **Spicy** 매운, 얼큰한
- **Vinegary** 신맛이 나는
- **Bittersweet** 달콤쌉싸름한
- **Soggy** 눅눅한
- **Moldy** 곰팡이 핀
- **Crumbly** 푸석푸석한, 부서지는
- **Sour** 맛이 신
- **Citrusy** 새콤한, 귤처럼 상큼한

여기서 꿀팁

레스토랑에서 알레르기가 있냐고 물었을 때

레스토랑에서 외식할 때 서버가 음식 알레르기가 있냐고 물어보는 경우, "Are you allergic to anything?"이라고 합니다. 여기에 대한 대답을 알아 볼게요.

- **No, I am not (allergic to anything). Thanks for asking.**
  아니요, (알레르기) 없어요. 물어봐 주셔서 고마워요.

- **Not that I know of. Thankfully.** 제가 알기로는 없어요. 고마워요.

- **Yes, I'm allergic to nuts.** 네, 저는 견과류 알레르기가 있어요.
  = Yes, I have a nut allergy.

다음 문장으로 자신의 알레르기에 대해 표현하는 방법을 익혀 보세요.

- **I'm allergic to gluten and soy as well as being mildly allergic to several other foods.**
  저는 글루텐과 콩에 알레르기가 있고, 다른 몇 가지 음식에도 살짝 알레르기가 있어요.

미국 현지 문화

미국에서 맛집 검색에 유용한 앱

한국에서도 맛집에 갈 때 다양한 사이트를 통해 리뷰를 볼 수 있죠. 미국에서 가장 유명한 맛집 검색 앱은 Yelp예요. 여기에 들어가면 별점, 사진, 고객 리뷰, 위치 다양한 정보를 얻을 수 있어요. 미국 여행을 하게 되면 Yelp 앱을 사용해 보세요.

Unit 7

서점 직원과의 대화

Do you know where I can find books for toddlers?

엠마가 조카에게 줄 책을 선물하려고 서점에 가서 직원에게 안내를 받는다.

Emma Excuse me, do you know where I can find books for toddlers? I'm looking to get a gift for my nephew who is 3 years old.

Nick Sure, the children's section is located at the back of the store. It's arranged by age.

Emma Do toddlers even know how to read?

Nick At that age, they understand how books work, but they're more interested in pulling them off shelves or looking at pictures. You'll see a lot of those "touch" books, they're pretty popular.

Emma Okay, thanks so much. Do you think toddlers will like Dr. Seuss' books, too?

Nick Of course! They will love the rhyming parts although they can't read.

Emma I see. Do you guys work off commission? I'll let them know how helpful you've been.

Nick Nah, but thanks anyway. Just doing my job.

해석

Emma 실례지만, 유아기 아이들용 책을 어디서 볼 수 있을까요? 제 조카가 3살인데 선물할 만한 걸 찾거든요.

Nick 네, 아동용 서가는 서점 뒤쪽에 있어요. 나이대별로 정리되어 있어요.

Emma 그런데 유아기의 아이들이 글을 읽을 수 있나요?

Nick 그 나이에는 책의 기능에 대해서는 이해하지만, 책장에서 책을 빼내거나 그림을 보는 것에 더 관심이 있어요. "만지는 오감놀이" 책들이 많이 보일 거예요, 꽤 인기가 많아요.

Emma 알겠어요, 정말 감사해요. 유아기 아이들이 닥터 수스 책도 좋아할까요?

Nick 그럼요! 읽지는 못해도 운율 맞추는 부분은 정말 좋아할 거예요.

Emma 그렇군요. 여기서는 수수료 제도로 일하시나요? 도움 많이 되었다고 (매니저에게) 칭찬을 전하고 싶은데요.

Nick 아니요, 그래도 감사합니다. 제가 할 일을 하는 것뿐이에요.

오늘의 표현

1 Do you know where ~?
2 arranged by age
3 rhyming
4 work off commission
5 Nah
6 Just doing my job.

오늘의 표현 뜯어보기

1 Do you know where ~?

어디에 뭐가 있는지 물어볼 때 말투를 부드럽게 만들어 주는 표현입니다. "Where are the books for toddlers?"라고 이야기하면 너무 직설적으로 들릴 수 있어요. "Do you know ~?" 또는 "Can you tell me ~?"라는 패턴을 앞에 써서 간접 화법으로 말하면 훨씬 더 공손하고 예의 바르게 들립니다. 이때 주의할 점은 뒤에 오는 절은 평서문 어순이라는 거예요. "Do you know where I can find books for toddlers?"라고 써야 한다는 것에 유의하세요.

2 arranged by age

arrange는 '정리하다'라는 뜻이에요. by age는 '연령에 따른'이라는 의미죠. 그래서 'arranged by age'라고 하면 '연령별로 정돈된'이라는 의미가 돼요. age 대신 'arranged by size(크기별로 정돈된)', 'arranged by type(종류별로 정돈된)' 등으로 쓸 수 있어요.

3 rhyming

시에서의 '운율'처럼, 비슷하거나 같은 소리를 내는 말들이 반복되는 것을 rhyming이라고 해요. 미국에서 아이들이 읽을 수 있는 나이가 되기 이전에 phonics 교육을 시킬 때, 매우 강조해서 가르치는 부분입니다. 언어의 음악을 익힐 수 있는 중요한 부분이고, ESL(English as a Second Language)로서 영어를 공부하는 성인에게도 아주 유용한 언어 습득 도구가 될 수 있어요.

4 work off commission

'work off commission'은 '수수료 제도로 일하다'라는 표현입니다. 이렇게 전치사 off를 쓰면 '무엇으로부터'라는 의미가 생깁니다. 또 다른 예로 인센티브를 받고 일한다는 표현은 'work off incentives'라고 하면 되겠죠.

5 Nah

영어에서 캐주얼하게 No 대신에 Nah를 쓸 수가 있는데, 이때는 억양을 원어민처럼 자연스럽게 해 주는 게 중요합니다. 음원을 들으면서 억양과 느낌을 살려서 연습해 보세요.

6 Just doing my job.

구어체에서는 주어 동사를 생략하고 말하는 경우가 아주 흔합니다. 비즈니스 상황이 아닌 이상 처음 본 사이에도 가볍게 말할 수 있어요. 그래서 "I'm just doing my job." 대신에 "Just doing my job."이라고 하면 원어민스러운 표현이 됩니다.

센스 있는 영어 플러스

서점에서 책을 찾을 때 유용한 표현들

1 "~이 어디 있는지 찾는 걸 도와주시겠어요?"는 영어로?

- **Can you help me find where 주어+동사 ~?**

    이 표현을 미리 숙지해 놓으면 매장에서 직원에게 물어볼 때 아주 유용하겠죠. 'Where is ~?'라고 말하는 것보다 말투가 훨씬 더 세련되고 부드럽게 들립니다. 대화문에서처럼 "Do you know where 주어+동사?"도 많이 쓰니까 함께 기억해 두세요.

2 "알파벳 순서대로 정리되어 있어요."는 영어로?

- **In alphabetical order**

    도서관이나 서점의 서가는 보통 책이 알파벳 순서대로 진열되어 있죠. 이걸 영어로 간단히 표현하면 "The books are in alphabetical order.(책은 알파벳 순서대로 정리되어 있어요.)"라고 합니다.

3 "언제든지 구독 취소를 할 수 있습니다."는 영어로?

- **There are no commitments. You can easily cancel your membership at any time.**

    의무는 없습니다. 언제든지 쉽게 구독 취소를 하실 수 있습니다.

    어떤 것을 정기 구독했다가 더 이상 필요하지 않게 되어서 취소해야 할 때, 이렇게 말할 수 있습니다. 'cancel one's membership'이라는 표현을 꼭 기억해 두세요.

4 우리에게는 생소할 수 있는 미국 서점 내 도서 분야

- **NY Times® Bestsellers**

  미국 서점에는 〈뉴욕 타임즈〉의 베스트셀러를 모아 둔 공간이 따로 있어요.

- **Oprah's Book Club**

  유명한 쇼의 사회자 '오프라 윈프리'가 추천하는 책들을 모아둔 공간이에요. '오프라 윈프리 쇼'가 10주년을 맞은 1996년부터 시작되어 지금까지 이어지고 있습니다. 1년에 열 권의 책을 선정해 발표합니다.

- **Teens & YA 섹션**

  Teens는 '십대'를 뜻하고, YA는 Young adults의 줄임말입니다. YA는 20대 초반까지 해당된답니다.

여기서 꿀팁

도서의 분류를 영어로 하면?

- **Art, Architecture & Photography** 예술, 건축, 사진
- **Bibles & Christianity** 성경, 기독 서적
- **Biography** 인물
- **Business** 비즈니스
- **Cookbooks, Food & Wine** 요리책, 음식, 와인
- **Crafts & Hobbies** 공예, 취미
- **Education** 교육
- **Fiction** 소설, 픽션
- **Graphic Novels & Comics** 그래픽노블, 만화책
- **Diet, Health & Fitness** 다이어트, 건강, 운동
- **History** 역사
- **Mystery & Crime** 미스터리, 범죄
- **Religion** 종교
- **Romance** 로맨스
- **Science Fiction & Fantasy** 공상과학, 판타지
- **Self-Help & Relationships** 자기계발, 인간관계
- **Thrillers** 스릴러

알아 두면 좋아요

미국의 국민 작가, 소설가이자 만화가인 Dr. Seuss

Dr. Seuss를 모르면 미국인이 아니라고 할 만큼 독특한 등장인물과 말장난, 운율(Rhyming)이 특징인 동화책을 몇십 권이나 만들었으며, 현재까지도 미국인들의 큰 사랑을 받고 있는 국민 작가입니다. 단지 이 작가가 사용하는 운율이라는 요소가 영어권에서만 재미있게 느껴져서 좀 아쉬워요. 저도 개인적으로 아이들에게 많이 읽어 줬던 대표적인 책을 몇 권 알려 드릴게요. 제목에서도 특유의 운율이 느껴진답니다.

- 모자 쓴 고양이(The Cat in the Hat)
- 로랙스(The Lorax)
- 그린치가 크리스마스를 훔친 방법(How the Grinch Stole Christmas)
- 녹색 달걀과 햄(Green Eggs and Ham)
- 거북이 예틀 (Yertle the Turtle)

미국 현지 문화

미국의 가장 유명한 대형 서점

미국에서 가장 유명한 대형 체인 서점은 Barnes and Noble(반스 앤 노블)입니다. 모든 매장에 항상 Starbucks가 있고, 아이들이 놀 수 있는 play 공간이 있어요. 책을 사면 Starbucks의 페이스트리, 쿠키 등을 할인해 주는 쿠폰도 줘요. 서점이자 하나의 문화 공간이랍니다. 저도 개인적으로 정말 자주 가는 서점이에요. 미국에 가게 되면 꼭 방문해 보시길 바랍니다.

Unit 8

떨어진 물건의 주인 찾아 주기

Did anyone drop their bracelet?

지하철에서 떨어진 팔찌를 우연히 발견한 댄. 주변에 혹시 주인이 있는지 물어본다.

Dan   Hey, did anyone drop their bracelet?

Emma   Oh my gosh, that's mine! It must have fell off my wrist somehow. Thank you SO much! I would have cried when I realized it was missing.

Dan   Aww, no problem. The clasp is broken, see? You'll have to get that fixed.

Emma   I will. It was my grandmother's. She gave this to me on my 21st birthday. She died a few years ago.

Dan   Sorry to hear. My dad gave me this watch. It belonged to my great-great-grandfather. It doesn't even work, but I like to wear it.

Emma   That's really cool. So much history in one piece. Does it have any engravings?

Dan   Yes, it's in Gaelic. 'A dedication from his wife to him.'

Emma   How romantic!

해석

Dan 이 팔찌 떨어뜨린 분 있어요?

Emma 어머, 제 거예요! 어쩌다 손목에서 떨어졌나 봐요. 정말 정말 감사합니다. 잃어버렸으면 아마 울었을 거예요.

Dan 에이, 별 말씀을요. 똑딱이가 고장 난 거 보이시죠? 수리하셔야겠어요.

Emma 그래야겠네요. 이건 저희 할머니 유품이거든요. 제 21살 생일 기념으로 주신 거예요. 몇 년 전에 돌아가셨어요.

Dan 안타깝네요. 우리 아버지가 이 시계를 주셨는데요. 제 고조 할아버지 소유였어요. 작동도 안 되는데 그냥 차고 다니는 걸 좋아해요.

Emma 정말 멋지네요. 이렇게 작은 물건 하나에 그런 긴 역사가 있다는 게요. 새겨진 글자가 있나요?

Dan 네, 켈트어로 되어 있어요. '아내가 남편에게 주는 헌신.'

Emma 진짜 로맨틱하네요!

오늘의 표현

1. Did anyone drop their ~?
2. Oh my gosh
3. must have fell off
4. I would have cried when I realized it was missing.
5. You'll have to get that fixed.
6. great-great-grandfather

오늘의 표현 뜯어보기

1 Did anyone drop their ~?

공공장소에서 떨어진 물건을 봤을 때 여러분도 활용해 보세요. "누구 이 물건 떨어뜨리신 분 있으세요?"라는 표현이에요. their은 어떤 것의 소유자가 남자인지 여자인지 모를 때 '그 사람의'라는 의미로 쓰는 표현이에요. 다른 예문을 만들어 볼까요? "이 휴대폰 떨어뜨린 분 있으세요?"를 영어로 표현하면, "Did anyone drop their cell phone?"이 되겠죠.

2 Oh my gosh

"Oh my gosh."는 원래 "Oh my god."이라는 말에서 나온 표현이에요. 깜짝 놀랐을 때 무의식적으로 나오는 대표적 표현이랍니다.

3 must have fell off

원래는 'must have fallen off'로 써야 하지만, 원어민들은 구어체에서 문법을 무시하는 경우가 종종 있습니다. 실제로 구어체에서 이렇게 말할 때 더 자연스럽게 들려요. 비슷한 예로, "여기에 누워."라고 말할 때 "Lie down here."이라고 해야 문법적으로 맞죠. 그런데 원어민들에게 "Lie down"과 "Lay down"을 물어보면 열이면 열 "Lay down"이 맞는 것 같다고 할 거예요. 이렇게 교과서에서 배운 영어가 가끔은 실제 회화에서 잘 통하지 않아요. 이건 경험해 보고 직접 부딪치면서 배우는 수밖에 없습니다.

4 I would have cried when I realized it was missing.

문법을 공부할 때 '가정법은 실제 사실에 대한 반대'라고 배웠을 거예요. 실제로 일어나지는 않았지만 일어난 일이라고 상상해 보거나 가정할 때, '조동사+have+과거분사' 형태를 쓰지요. if/when절의 시제도 과거로 맞춰 줘야 한다는 것 잊지 마세요.

5 You'll have to get that fixed.

'have나 get 뒤에 목적어+과거분사'를 쓰는 용법이에요. 이 대화문처럼 have 대신에 get을 쓰면 좀 더 informal한 구어체 느낌이 납니다. '이 팔찌'가 수리를 받는 것이기 때문에 수동태 의미가 있는 과거분사를 써야 해요. 우리나라 문장 구조로 생각하면 어색할 수 있기 때문에 영어식으로 받아들이는 연습을 해야 합니다.

6 great-great-grandfather

영어에서 '증조 할아버지', '고조 할아버지'를 말할 때 한 세대가 올라갈 때마다 'great'을 붙여 주면 됩니다. 중간에 하이픈으로 이어 주는 것도 주의하세요.

센스 있는 영어 플러스

상대방의 이야기를 경청하고 있다는 걸 보여 주는 표현

대화를 할 때 상대방이 하는 이야기에 관심과 흥미를 보여 주는 것이 예의이자 좋은 대화 기술이에요. 앞의 대화문에서도 엠마가 "That's really cool."이나 "How romantic."으로 댄의 이야기에 적극적으로 반응을 하고 있죠. 이럴 때 쓸 수 있는 표현들을 소개합니다.

오랜만에 우연히 마주친 예전 직장 동료 간의 대화를 잠깐 볼까요?

> A So tell me... are you still working for Sense English?
> B No, not anymore. I started my own business a couple of years ago.
> A **Did you? Wow!**
>
> ---
>
> A 그래서… 아직 센스 잉글리시에서 일하고 있어?
> B 아니, 이제 아니야. 몇 년 전에 내 사업을 시작했어.
> A 그래? 대단하다!

B의 말에 A가 "Did you? Wow!(그래? 대단하다!)"라고 했는데, "Really? Sounds interesting.(정말? 흥미로운데.)" 또는 "Really? I didn't know that.(정말? 몰랐네.)" 등으로도 관심을 표현할 수 있어요.

상대방의 말에 반응하는 몇 가지 표현을 더 알려 드릴게요.

- **Great!** 대단하다!

- **Are you? Sounds fantastic!** 그래? 환상적인데!

- **Sounds good.** 좋네.

○ **Do they?** 그래?

○ **I see.** 알겠어.

이제 Echo questions을 사용해 상대방의 이야기에 관심을 표현하는 방법을 알아볼게요. Echo question은 상대방의 마지막 말을 다시 되묻는 대화법이에요. 문법 구조는 아주 쉽습니다. 방금 상대방이 쓴 조동사 또는 be동사를 그대로 가져오면 돼요.

A   They are on holiday in Mexico at the moment.

B   **Are they?**

A   걔들 지금 멕시코에서 휴가를 보내고 있어.
B   그래?

A   My sister has a summer house on the coast.

B   **Does she?**

A   우리 언니는 해안가에 여름 별장을 갖고 있어.
B   그래?

A   They've been to Korea more than 10 times.

B   **Have they?**

A   그들은 한국에 10번 넘게 와 봤어.
B   그랬어?

여기서 꿀팁

'돌아가셨다'라는 표현과 대답하는 법

어떤 사람, 특히 어르신이 돌아가셨다는 말을 들었을 때 대답하기 난감한 경우가 많아요. 이럴 때는 "(I'm) Sorry to hear that."이라고 말하는 것이 가장 일반적입니다. 말투는 보통 때보다 부드럽게 말하는 것이 좋지요. '돌아가셨다'라는 말로 die라는 동사보다 pass away라는 표현이 더 예의 바르고 부드러운 표현입니다. 다음 대화문을 참고하세요.

> A Stefan's mother **passed away** last week.
>
> B Oh no! **I'm so sorry to hear that.** How's he doing?
>
> ---
>
> A 스테판의 어머니가 지난주에 돌아가셨대.
> B 그럴 수가! 정말 안타깝다. 스테판은 어때?

위 대화문에서 나온 "I'm so sorry to hear that." 외에도 쓸 수 있는 표현을 더 볼게요.

- **I'm so sorry to hear about your loss.**
  돌아가셨다는 소식을 들으니 정말 안타깝다.

- **I can't imagine what you're going through right now.**
  지금 네가 어떻게 이겨내고 있을지 상상도 안 가.

- **Please let me know if you need anything.**
  필요한 것이 있으면 언제든 얘기해.

잘 기억해 뒀다가 부고 등의 안 좋은 소식에 예의 바르게 대답해 보세요.

알아 두면 좋아요

'글씨를 새기다'라는 표현 알아보기

대화문에서 engraving(새김)이라는 단어가 나오는데, 이 표현은 돌이나 금속 등에 글씨를 새기는 걸 말해요. 동사 형태는 engrave(새기다)고, 형용사 형태는 분사를 써서 engraved(새겨진)라고 표현하면 됩니다. "반지에 내 이름이 새겨졌다."라는 문장을 영어로 하면 "My name is engraved on the ring."이 되는 거죠. '글씨가 새겨져 있는 선물'은 'engraved gifts'라고 하면 되겠죠? 선물을 준비할 때 흔하게 볼 수 있는 표현이니 잘 알아 두세요.

미국 현지 문화

'켈트어'는 어떻게 발음할까?

Gaelic이라는 단어는 우리말로 '켈트어'라는 의미입니다. 영어 단어와 발음이 완전히 다르기 때문에 따로 외워야 해요. 발음은 '게일릭'에 가까워요. 현재의 아일랜드 사람들이 오래 전에 쓰던 언어라고 생각하면 됩니다. 여담이지만, 영어는 여러 지역의 유럽 언어에서 영향을 많이 받았답니다.

Unit 9

새로 이사 온 이웃과의 대화

Can you recommend any good vegan restaurants?

브루클린에 막 이사한 댄. 클로이라는 친절한 이웃과 동네에 대한 이야기를 나눈다.

Dan Excuse me, I'm new in town. Can you recommend any good vegan restaurants?

Chloe Welcome to Brooklyn! You picked a good neighborhood to be vegan. There's like 5 great places near here, but my favorite is about 2 miles away, called *Veggieful*.

Dan Ooh, what a great name. Any good markets that sell fresh produce?

Chloe Well, they do a farmer's market at the park every weekend. Always something good there.

Dan I can't wait to check it out. I'm a sucker for a good piece of tempeh sausage.

Chloe Then you're gonna love brunch at *Vegaly*. They have the best tempeh dishes.

Dan I'll go tomorrow! Does it get super-crowded?

Chloe Definitely, and they don't take reservations so just cross your fingers.

Dan Welcome to Brooklyn, I guess!

해석

Dan	실례지만, 저는 이 동네가 처음인데요. 좋은 채식(비건) 레스토랑 좀 소개해 주시겠어요?
Chloe	브루클린에 오신 걸 환영해요! 채식주의자로 살기 좋은 동네에 오셨네요. 이 근처에 다섯 군데 정도 좋은 식당이 있는데, 제가 가장 좋아하는 베지풀이라는 곳은 2마일 정도 떨어져 있어요.
Dan	와, 이름도 멋지군요. 신선한 청과물을 파는 시장도 있나요?
Chloe	음, 주말마다 공원에서 농산물 직판장이 열려요. 가면 항상 좋은 게 있죠.
Dan	꼭 가 보고 싶네요. 저는 맛있는 템페 소시지에는 맥을 못 추거든요.
Chloe	그러면 베갈리라는 곳의 브런치를 좋아하실 거예요. 거기는 최고의 템페 요리들을 팔아요.
Dan	내일 가야겠어요! 사람이 많이 붐비나요?
Chloe	그럼요, 게다가 예약도 안 받으니까 완전히 운에 맡기세요.
Dan	브루클린이 그런 거겠죠, 뭐!

오늘의 표현

1 Excuse me, I'm new in town. Can you recommend ~?
2 farmer's market
3 I'm a sucker for ~
4 Does it get super-crowded?
5 Just cross your fingers.

오늘의 표현 뜯어보기

1 Excuse me, I'm new in town. Can you recommend ~?

스몰토크에서 대화를 부드럽게 시작하기 좋은 대표적인 표현이 나왔어요. 새로 와서 잘 모른다는 뉘앙스를 주면서 상대방에게 추천을 부탁하는 표현이에요. 이렇게 대화를 시작하면 의미 있는 스몰토크를 할 수 있어요.

2 farmer's market

인근 지역의 농부들이나 소규모 상인들이 직접 기르고 생산한 것을 직판하는 곳입니다. 농수산품부터 고기, 청과류, 베이커리, 간식, 액세서리, 의류, 앤틱 가구 등 종류도 아주 다양하지요. 저도 개인적으로 주말에 열리는 farmer's market에 구경 가는 걸 아주 좋아합니다.

3 I am a sucker for ~

이 표현은 구어체, 특히 캐주얼한 경우에만 써요. 의미는 '어떤 걸 너무 좋아해서 거부할 수 없을 정도'라는 뜻입니다. 몇 가지 예문을 더 알아볼게요.

- **I'm a total sucker for seafood.**
  난 해산물에 완전 맥을 못 춰.

- **Ted is a sucker for any dessert with whipped cream on it.**
  테드는 휘핑 크림이 올라간 디저트를 너무 좋아해.

- **I always was a sucker for a good fairy tale.**
  난 재밌는 동화에는 항상 미쳐.

○ **What can I say—I'm a sucker for romantic comedies!**
뭐랄까, 난 로맨틱 코미디에는 맥을 못 춰.

○ **I've always been a sucker for a guy with a six pack.**
난 식스팩이 있는 남자들에게는 항상 너무 약해.

4 Does it get super-crowded?

어떤 형용사 앞에 super-를 쓰면 very very와 같은 강조 표현이 됩니다. 문어체에서는 쓰이지 않고 구어체에서만 쓰여요. 라틴어에서 super는 above, beyond의 의미가 있습니다. 예를 들어, 정말로 환한 LED 전구가 있다면 super bright LEDs라고 표현할 수 있어요. super-tasty는 '너무 맛있다'라는 뜻이죠.

5 Just cross your fingers.

'cross one's fingers'는 '행운을 빈다'라는 표현으로 많이 쓰입니다. 'one's fingers crossed'로 사용할 수도 있어요.

> A My husband has an interview today.
> B I'll keep **my fingers crossed** for him.
> ---
> A 내 남편은 오늘 면접이 있어.
> B 행운을 빌게.

센스 있는 영어 플러스

스몰토크의 물꼬를 트는 상대방의 의견 묻기

제가 개인적으로 스몰토크를 시작할 때 가장 선호하는 표현은 ask someone their opinion, 즉 상대방의 의견이나 기호를 묻는 것입니다. 이런 주제는 절대 실패하지 않아요. 자신이 좋아하는 걸 말하는 것이므로 상대방도 부담스럽지 않게 대화에 참여할 수 있죠. 심리적으로는 "난 당신의 생각을 존중해요. 좀 도와줄래요?"라는 의미이므로, 이런 질문을 받았을 때 "No."라고 말하는 사람은 아주 드물겠죠. 이렇게 상대방의 의견을 묻는 다양한 문장들을 살펴볼게요.

- **Do you know what's good here?**
  여기 뭐가 맛있는지 아세요?

- **Is the food good here?**
  여기 음식이 맛있나요?

- **Have you tried this? Is it good?**
  이거 먹어 봤어요? 맛이 괜찮아요?

- **Can you help me decide which one to get?**
  어떤 걸 골라야 할지 좀 도와줄래요?

- **Do you have recommendations for books?**
  추천해 줄 책이 있어요?

- **Any great books you're reading at the moment? I need some good recommendations.**
  지금 읽고 있는 책 중에 좋은 것들이 좀 있나요? 훌륭한 책 몇 권만 추천해 주세요.

- **Do you know any local places that might be considered "hidden gems?"**
  "숨겨진 보물"이라고 할 만한, 인근에 추천할 장소가 있나요?

- **Can you recommend any fun apps for the phone?**
  휴대폰 앱 중에 추천해 줄 만한 게 있어요?

누군가 질문을 했을 때, 대답하는 표현도 알아 보면 좋겠죠? 상대방이 주변에 좋은 레스토랑을 추천해 달라고 했다면, 다음과 같이 대답할 수 있습니다.

- **I really recommend this Peruvian restaurant. Their chicken is amazing!**
  이 페루 레스토랑을 정말 추천하고 싶어요. 치킨 요리가 정말 맛있거든요!

식당에서 뭐가 맛있는지 물어봤다면, 이렇게 대답할 수 있을 거예요.

- **You should definitely try their fish tacos! That's the most popular menu here!**
  여기 피시 타코는 꼭 먹어 봐야 해요! 여기서 제일 인기가 많은 메뉴예요!

책 추천도 흔히 받게 되는 질문이므로, 대답할 수 있는 문장을 알아 두세요.

- **If you like self-help books, I would recommend *Atomic Habits* by James Clear.**
  자기계발서를 좋아한다면, 저는 제임스 클리어 작가의 <Atomic Habits>를 추천하겠어요.

여기서 꿀팁

mile과 kilometer 환산하기

미국에서 살거나 여행할 때 단위를 가리키는 말이 달라서 헷갈릴 때가 많아요. 미국의 1mile은 1km에서 1.6을 곱하면 돼요. 미국에서 60miles/h로 운전한다면 우리나라에서는 90km/h로 운전하는 것과 같아요. 이렇게 다른 단위를 제대로 알아 두는 것이 좋아요.

알아 두면 좋아요

Tempeh sausage란?

템페(tempeh)는 인도네시아의 음식으로, 단백질 함유량이 아주 많아요. 발효된 콩이라서 활생균이 가득하고 고소한 맛이 나죠. 한국에서 채식주의자들은 단백질 섭취를 위해 고기 대신 두부를 먹는 경우가 많은데, 미국에서는 tempeh가 대표적인 고기 대체 식품입니다. 제가 흔하게 본 tempeh는 딱딱한 케이크나 패티 형태가 많았어요. 굽거나 볶거나 찌거나 으깨서 샌드위치나 타코 등에 넣어 먹을 수 있습니다. 최근에는 베이컨처럼 길게 나온 형태도 있어서 더 다양한 tempeh를 즐길 수 있죠.

두부와 tempeh를 비교하자면, 둘 다 가격이 저렴하고 콩으로 만들어졌고, 좋은 단백질 공급원이라는 것이 공통점입니다. 차이점은 tempeh가 tofu(두부)보다 더 건조하고 질감이 촘촘하죠. 맛도 tempeh는 발효된 향이 조금 난다면, 두부는 두유가 응축된 담백한 맛이 납니다.

미국 현지 문화

브루클린의 독특한 분위기

브루클린은 비유를 하자면 우리나라의 홍대 느낌이 있어요. 아티스트들의 작업실 겸 삶터가 밀집되어 있는 곳도 있고, Brooklyn Bridge 아래에서 술을 즐기기도 하고요. 이방인에게는 예술가들의 공간을 직접 보고 작품을 감상할 수 있는 기회가 주어지기도 합니다. 이스트 강변을 따라 북쪽으로 향하면 윌리엄스버그라는 곳으로 이어지는데요. 그래피티와 클럽, 빈티지 숍으로 채워진 윌리엄스버그는 자유로운 영혼들의 아지트라고 할 수 있어요. 또 어느 곳은 학교를 개조해서 만들어진 공간도 있는데, MoMA처럼 북적이지 않으면서도 개성 있는 분위기로, 예술과 변화를 좇는 청춘들의 발길을 이끌고 있습니다. 여러분도 기회가 되면 브루클린의 독특한 문화를 느끼러 방문해 보세요.

Unit 10

엘리베이터 안에서의 대화

Please tell her Ann from 3A said hi.

어머니를 방문하러 온 밥이 아파트 엘리베이터에서 한 이웃과 같이 탑승하게 되며 대화를 시작한다.

Ann   Which floor are you going to?

Bob   Sixth please. I'm visiting my mom.

Ann   Oh, is your mom Mrs. Thompson? She is the nicest lady.

Bob   Yeah, that's my mom. Did she bake you her famous chocolate chip cookies?

Ann   Every Christmas! Everybody loves her here.

Bob   I'm so glad. I've asked if she wanted to move into a home, she's not getting any younger.

Ann   She's pretty spry for an older gal. And the whole building looks out for her.

Bob   I really appreciate that. I don't live close by, it's hard to visit as often as I would like.

Ann   Well, this is me, but please tell her Ann from 3A said hi.

Bob   Sure thing, and thanks again!

해석

Ann	몇 층 가세요?
Bob	6층이요. 우리 어머니 뵈러 가요.
Ann	아, 어머님이 톰슨 여사님이시죠? 정말 좋은 분이세요.
Bob	네, 제 어머니 맞아요. 우리 어머니가 그 유명한 초콜릿칩 쿠키를 구워 주셨나요?
Ann	매년 크리스마스 때마다요! 여기 사람들 모두가 어머님을 좋아해요.
Bob	다행이네요. 어머니가 연세가 드셔서 주택으로 이사하시면 어떠냐고 여쭤 본 적 있어요.
Ann	나이 드신 분 치고 정말 쌩쌩하세요. 그리고 아파트 전체 이웃들이 어머님을 보살펴 드리고 있어요.
Bob	정말 감사합니다. 저는 가까이에 살지 않아서, 뵙고 싶은 만큼 자주 찾아뵙지는 못하고 있어요.
Ann	음, 전 다 왔어요, 3A에 사는 앤이 안부를 전한다고 전해 주세요.
Bob	그럼요, 다시 또 감사드려요!

오늘의 표현

1. Which floor are you going to?
2. Sixth please.
3. She's pretty spry for an older gal.
4. looks out for ~
5. This is me.

오늘의 표현 뜯어보기

1 Which floor are you going to?

엘리베이터를 탔는데 동승한 사람 대신 버튼을 눌러 줘야 할 때가 있죠. 우리말로도 "몇 층 가세요?"라고 하듯이, 영어로는 "Which floor are you going to?"라고 합니다. 실제 회화에서는 짧게 줄여서 "Which floor?"라고만 해도 충분합니다.

2 Sixth please.

이 경우에도 문법적으로는 "Sixth floor, please."가 맞는 표현이지만, 간단하게 "Sixth, please."라고 해도 돼요. 뒤에 "Thank you."를 덧붙여 주면 충분히 예의 바른 표현이 됩니다.

3 She's pretty spry for an older gal.

형용사 spry는 '원기 왕성한'이라는 의미로, 특히 나이 드신 분들에게 자주 쓰는 표현이에요. 예를 들어, "My grandpa continued to look spry and active well into his eighties."라고 하면 "우리 할아버지는 80대가 되어서도 계속 총기 있고 활동적이셨다."라는 뜻이에요. 그리고 gal은 girl, woman의 슬랭 표현이에요.

4 looks out for ~

여기서 구동사 'look out for'은 '누군가를 잘 보살펴 주다'라는 의미로 쓰였어요. 아파트 주민 전체가 톰슨 여사에게 관심을 기울이며 보살펴 주려고 노력한다는 표현으로 'look out for'를 썼죠. 다른 예문으로, "I'm the oldest, and I always look out for my younger sisters."라고 하면 "나는 장녀라서 내 여동생들을 항상 잘 보살펴요."라는 의미가 된답니다.

5 This is me.

엘리베이터에서 내릴 때 "저 여기서 내려요."라고 말하려면 "This is me."라고 하면 됩니다. 엘리베이터뿐 아니라 누군가가 나를 데려다 줄 때 집 앞에서 "여기가 우리 집이에요."라고 하는 경우에도 똑같이 말하면 된답니다.

센스 있는 영어 플러스

다른 이에게 안부를 대신 전해 달라고 할 때

대화를 하다가 마무리할 때, "나 대신에 ~에게 안부 전해 줘."라고 말하는 경우가 있죠. 기본적인 문장 구조는 "Say hello/hi to ~." 혹은 "Tell ~ I said hello/hi."입니다. 간단한 대화문으로 이 표현들을 익혀 보세요.

A Hello, Lucy!

B Hi, Frank! It's nice to see you.

A Same here. Where are you going now?

B I'm headed for school.

A **Say hello to your parents for me, please.**

B Thanks, I will.

A 안녕, 루시!

B 안녕, 프랭크! 만나서 반가워.

A 나도. 어디 가고 있어?

B 학교에 가.

A 부모님께 안부 전해 드려 줘.

B 고마워, 그럴게.

A Well, it's been great catching up, but I better get going. I need to get back to the office.

B Yeah, me too. Really good to see you again.

A Absolutely. Let's keep in touch. Oh, and **say hi to Karen**.

B Will do! And **tell your family I said hi**.

A 음, 만나서 반가웠는데 이제 가야겠다. 사무실로 돌아가야 해.
B 응, 나도. 다시 만나서 정말 반가웠어.
A 정말로. 계속 연락하자. 아, 캐런한테 안부 전해 줘.
B 그럴게! 그리고 너희 가족에게도 안부 전해 줘.

조금 더 격식 있게 말해야 하는 자리라면, 다음과 같이 말할 수 있어요.

○ **Please give my regards to your father.**

  아버님께 안부 전해 주세요.

○ **Please give my best to your boss.**

  사장님께 안부 전해 주세요.

알아 두면 좋아요

as often as의 의미와 쓰임

'as often as'는 '~할 때마다', '~하는 만큼'이라는 뜻인데, 'so long as(~하는 한)'의 의미로도 쓰고, 'every time(~마다 매번)', 'each time(~할 때마다)'의 의미로도 써요. 다양한 예문으로 뉘앙스를 잘 익혀 보세요.

- I haven't been able to blog here <u>as often as</u> I'd like to lately, because I've been hard at work.
  내가 요즘 일이 너무 바빠서 하고 싶은 만큼 블로그를 많이 하지는 못해.

- I love pop art. But I don't get to indulge in it <u>as often as</u> I'd like.
  나는 팝 아트를 정말 좋아해. 그런데 내가 하고 싶은 만큼 그걸 누리지는 못해.

- Since I've been traveling a lot more, I don't get to see them <u>as often as</u> I'd like to.
  요즘에 출장을 전보다 훨씬 자주 다녀서 내가 보고 싶은 만큼 그들을 자주 볼 수는 없어.

- We move around a lot because we're in the military, so I don't get to see my family <u>as often as</u> I would like.
  우리는 군인 가족이라 이사를 많이 다녀서, 친척들을 보고 싶은 만큼 자주 만나지는 못해.

- I don't get a chance to play tennis <u>as often as</u> I'd like anymore.
  이제는 내가 하고 싶은 만큼 테니스를 칠 기회가 없어.

미국 현지 문화

마주치면 인사를 하는 미국의 문화

제가 한국과 미국이 문화적으로 가장 다르다고 느낀 점이, 한국에서는 낯선 사람과 마주쳤을 때 인사를 하지 않는다는 거였어요. 미국에서는 엘리베이터에서, 산책할 때, 횡단보도에서 등 공공장소에서 누군가와 눈이 마주치면 인사를 꼭 한답니다. 인사를 안 하면 뭔가 어색하고 이상하게 느껴져요. 마주치는 모든 사람들에게 "Hi, Good morning."과 같이 간단한 인사를 하는 습관이 문화적으로 익숙해져 있죠.

제가 몇 년 전에 한국에 방문했을 때, 아파트 엘리베이터에서 만난 분에게 밝게 인사를 했더니 엄청 당황하시더라고요. 당시에는 좀 어색했는데, 신기한 게 저도 한국에서 지낸 지 2주 정도 되니 인사를 안 하는 문화에 금방 적응이 되었어요. 여러분이 미국에 가시게 되면, 문화를 존중하는 의미에서 처음 보는 사람과도 밝게 인사를 해 보세요.

Unit 11

스파에서 만난 손님 간의 대화

Their hands work wonders.

엠마가 스파에 가서 옆자리에 앉은 다른 손님 매트와 이야기를 시작했다. 둘 다 지압실에 들어갈 순서를 기다리는 중이다.

Emma This place gives the best massages. Even this waiting room is so peaceful.

Matt Yeah, they also give you cucumber lemon water while you wait.

Emma They know exactly what you need, it's amazing.

Matt I can't wait to get a massage. It's my first time.

Emma Oh, you are going to love it. I come here at least once a week.

Matt My back and neck are killing me, but I don't think I can take too much pressure on them.

Emma Be sure to tell them exactly where it hurts. Their hands work wonders.

Matt If they can cure my neck, I might join their membership and I'll be seeing you every week.

Emma I'm always here. This is my favorite place on Earth.

Matt Let's be massage buddies.

해석

Emma	여기가 마사지는 제일 잘해요. 대기실도 이렇게 조용하잖아요.
Matt	그러게요, 기다리는 동안 오이 레몬 물도 주고요.
Emma	딱 필요한 걸 안다니까요, 대단해요.
Matt	빨리 마사지를 받고 싶네요. 저는 이번이 처음이에요.
Emma	아, 정말 좋아하실 거예요. 저는 적어도 일주일에 한 번은 여기에 와요.
Matt	등이랑 목이 진짜 안 좋은데 압력을 너무 세게 받으면 안 될 것 같아요.
Emma	마사지사에게 어디가 아픈지 정확하게 알려 주세요. 진짜 약손이에요.
Matt	만약 제 목을 고칠 수 있다면, 회원 가입을 할지도 몰라요. 그럼 매주 뵙겠네요.
Emma	저는 항상 여기에 있죠. 세상에서 제일 좋아하는 곳이에요.
Matt	우리 지압 받으러 다니는 친구 해요.

오늘의 표현

1. My back and neck are killing me.
2. Their hands work wonders.
3. If they can cure my neck
4. This is my favorite place on Earth.
5. massage buddies

오늘의 표현 뜯어보기

1 My back and neck are killing me.

"내 허리랑 목이 너무 아파서 죽을 것 같아."라고 우리말에서도 과장 용법을 쓰죠. 편한 사이에서 쓰는 캐주얼한 표현이에요. 육체적으로 겪는 고통뿐 아니라 정신적인 괴로움을 느낄 때도 쓸 수 있고, 반대로 너무 좋아서 죽겠다는 의미로도 사용할 수 있습니다. 예문을 몇 개 볼게요.

- **This heat is killing me!** 더워 죽겠다!

- **Man, these shoes are killing me.** 아, 이 신발 때문에 발 아파 죽겠어.

- **My boss is killing me!** 내 상사 때문에 괴로워 죽겠어!

- **That actress is so good looking she kills me.**
  저 배우 너무 예뻐서 죽을 것 같아.

2 Their hands work wonders.

'work wonders'는 직역하면 '기적을 낳다', '기적을 일으키다'라는 의미로, 구어체에서 많이 쓰는 말입니다. 비슷한 표현으로는 'work miracles'도 있죠. 이 표현을 문어체적으로 풀어서 설명하면 'have a very good effect (on somebody/something)'인데, '~에 아주 좋은 효과를 보이다'라는 의미가 돼요. 이런 표현은 잘 사용하면 원어민 같은 느낌을 줄 수 있으니 다른 예문을 보면서 잘 익혀 보세요.

- **A few moments of relaxation can work wonders.**
  잠시 편하게 휴식하는 것만으로도 엄청나게 좋은 효과가 생길 수 있다.

- **Holidays work wonders for the relief of stress.**
  휴일을 갖는 게 스트레스 완화에 큰 도움을 준다.

- **The physical therapy has worked wonders for the patient.**
  물리 치료가 그 환자에게 놀랄 정도의 개선 효과를 주었다.

- **You'll love this retinol cream. It works wonders on my wrinkles.** 이 레티놀 크림 정말 맘에 들 거예요. 제 주름에 엄청나게 효과가 있어요.

3 If they can cure my neck

대화문에서 마사지를 잘하는 사람에게 '약손'이라고 표현했는데, 몸의 안 좋은 부분을 고친다고 할 때 cure라는 동사를 자주 씁니다. 자주 쓰지는 않지만 'fix my neck pain(내 목의 통증을 고치다)'이라고 fix라는 동사를 쓰기도 합니다.

4 This is my favorite place on Earth.

어떤 것을 정말 정말 좋아할 때 과장해서 말하는 경우가 있어요. '세상에서 제일 좋아하는 곳'이라고 표현할 때 'on Earth(지구에서)'를 붙여서 말하면 된답니다. 문장 맨 뒤에 붙이면 돼요.

5 massage buddies

앞에 명사를 쓰고 뒤에 buddy(친구)를 붙이면, '~ 친구'라는 표현을 만들 수 있어요. 예를 들어, '술 친구'라면 'drinking buddy', '맥주만 함께 먹으러 다니는 사이'라면 'beer buddy', '여행 친구'라면 'travel buddy', '수영을 같이 하는 친구'는 'swim buddy' 등으로 쓸 수 있죠. 여기서는 '마사지를 함께 받는 친구들'이라는 복수 표현이므로 'massage buddies'라고 썼어요. 캐주얼하면서 원어민들이 정말 많이 쓰는 표현이랍니다.

센스 있는 영어 플러스

영어식 사고방식으로 문장 만들기

○ **This place gives the best massages.**

이 표현은 제가 한국 학생들에게만 특별히 뽑아서 가르치는 예문 중 하나예요. 굳이 말하자면 '사람이 아닌 주체의 의인화'라고 할 수 있습니다. 우리말로 해석하면 "이곳이 나에게 최고의 마사지를 준다."라는 어색한 말이 되는데, 사실 진짜 뜻은 "이곳이 마사지를 제일 잘한다."입니다. 영어에서는 살아 있지 않은 주체가 행동의 동사와 함께 표현되는 경우가 많아요. 이런 영어식 사고방식에 익숙해져야 보다 원어민 같은 문장을 구사할 수 있답니다. 이 '영어식 사고방식'을 조금 더 공부해 볼게요.

제가 실제로 많이 쓰는 표현 중 하나가 바로 날씨에 관한 건데요.

○ **If the weather permits, / If the weather allows, / If the weather cooperates,**

바로 이 세 가지 문장입니다. 직역하면 "날씨가 허락한다면/협조한다면"이죠. 우리말로도 "날씨가 허락한다면"이라는 표현을 가끔 하는데, 실제 뜻은 "날씨가 괜찮다면"이잖아요? 이런 식의 문장을 영어에서는 정말 흔하게 쓰인답니다.

○ **We will have a picnic this Saturday, weather permitting.**
날씨만 괜찮다면 우린 이번 토요일에 소풍을 갈 거야.

○ **If the weather cooperates, let's go for a run tomorrow.**
날씨가 협조한다면 내일 달리기 하러 가자.

그리고 흔하게 쓰는 동사가 바로 treat입니다. 예를 들어, 친구가 신혼이라고 가정해 보죠. 그럼 안부 인사를 할 때 이렇게 물어볼 수 있을 겁니다.

○ **How's (the) married life treating you?**
결혼 생활이 너를 어떻게 대우해 주고 있니?

우리말 그대로 해석하면 정말 어색하지만, 실제 뜻은 "결혼 생활 어떠니?"가 되겠죠. treat은 이렇게 안부 인사를 할 때 흔하게 사용됩니다.

○ **How's the big city treating you?**
대도시 생활은 어때요?(대도시가 어떻게 대우해 주고 있나요?)

○ **How's life treating you?**
요즘 어때?(삶이 너를 어떻게 대우해 주고 있어?)

○ **How's single life treating you?**
혼자 지내는 건 어때요?(혼자 사는 삶이 어떻게 대우해 주고 있나요?)

여기서 꿀팁

exactly의 자음 탈락 현상

exactly의 발음을 자세히 보면 '이/그/젝/틀/리'라고 또박또박 발음하지 않습니다. 자음이 3개 이상 연속될 때는 중간 자음이 약해져서 거의 들리지 않는데, 이 현상을 '자음 탈락 현상'이라고 해요. 아래 표는 대표적인 '자음 탈락 현상'을 받는 단어들입니다. 밑줄 친 철자는 거의 발음되지 않으니 많이 연습해 보세요.

friendly	handsome
recently	Christmas
directly	exactly
sandwich	correctly
apartment	castle
frequently	empty

알아 두면 좋아요

join과 membership

'join the membership'은 우리말로 '멤버십에 가입하다'라는 표현이에요. '~에 가입하다'라고 할 때 동사 join을 쓴답니다. 가입하는 것뿐 아니라, '미팅에 참가하다'라는 표현을 할 때도 'join a meeting'이라고 합니다. 예를 들어, "구글 미팅에 참여하세요."라고 하고 싶다면 "Please join the Google meeting."이라고 하면 됩니다. 참고로 '평생 회원권'은 영어로 'life membership'이라고 하고, '월 회원제'는 'monthly membership'이라고 한다는 것도 기억해 두세요.

미국 현지 문화

서비스에 따라오는 기본 팁 문화

미국에서는 서비스를 받고 항상 팁을 줘야 해요. 식당에서 식사를 한 후 서버에게 팁을 줘야 한다는 건 많이 알고 있을 거예요. 그런데 이런 팁 문화는 서비스를 제공하는 마사지숍, 미용실, 네일숍, 라운지나 바, 심지어 공항 직원이나 발레파킹 직원 등에게도 모두 적용된답니다. 손님이 많은 가게의 경우에는 팁이 계산서에 이미 포함되어서 청구되는 경우가 있으니, 잘 확인하고 계산해야 해요.

Unit 12

커피숍 옆자리 사람과의 대화

Now I'm craving a milkshake.

클로이가 익숙한 스티커가 붙어 있는 노트북을 보고 노트북 주인에게 말을 건다.

Chloe   Hey, sorry to bother you, but are you from Kansas?

Sam   Yes, I grew up there. How did you know?

Chloe   I noticed that sticker on your laptop. It's from a local diner in town, right?

Sam   *Mackey's*, I worked there after school for almost 6 years.

Chloe   I used to visit my cousins every summer and we'd get milkshakes there every night.

Sam   What a small world. I probably know your cousins too. What are their names?

Chloe   Actually, their family owns *Mackey's* so you definitely know them.

Sam   I definitely do. They were a great family to work for.

Chloe   I'll let them know that their reputation is nationwide. What a crazy coincidence! Now I'm craving a milkshake.

Sam   The secret is using ice-cold milk, but don't tell them I told you!

해석

Chloe 저, 방해해서 죄송한데, 캔자스에서 오셨나요?

Sam 네, 거기서 자랐어요. 어떻게 아셨어요?

Chloe 노트북에 붙은 스티커를 봤거든요. 그 동네 식당에서 받은 거, 맞죠?

Sam '맥케이'요, 제가 거기서 방과 후에 6년 가까이 일했거든요.

Chloe 저는 여름마다 사촌들을 만나러 갔는데, 매일 밤 거기서 밀크셰이크를 먹었어요.

Sam 세상 좁네요. 아마 그쪽 사촌들도 제가 알 것 같은데요. 이름이 뭐예요?

Chloe 사실은, 그 가족이 멕케이의 주인인데, 당연히 아실 거예요.

Sam 알고 말고요. 같이 일하기 정말 좋은 분들이었어요.

Chloe 전국적으로 인기가 있다고 전해 줄게요. 정말 신기한 우연이네요! 갑자기 밀크셰이크가 너무 먹고 싶어요.

Sam 그 밀크셰이크의 비법은 아주 차가운 우유를 넣는 거예요, 제가 알려 줬다고 말하면 안 돼요!

오늘의 표현

1. Sorry to bother you.
2. diner
3. after school
4. What a small world.
5. Their reputation is nationwide.
6. I'm craving ~.

오늘의 표현 뜯어보기

1 Sorry to bother you.

누군가에게 예의 바르게 말을 걸 때 꼭 필요한 표현이에요. 대화를 나누고 있는 사람들에게 끼어들 때 쓸 수도 있고, 앞의 대화문처럼 뭔가를 하고 있는 사람에게 말을 걸 때도 쓸 수 있어요. 'Excuse me' 뒤에 붙여서 말하면 더 좋아요.

2 diner

미국에서 diner(다이너)라는 것은 restaurant와 달리 편한 옷차림으로 캐주얼한 분위기에서 먹을 수 있는 '동네 식당'이라고 생각하면 됩니다. 미국 중에서도 뉴저지 주에 다이너가 600개 정도로 제일 많아요. 참고로 뉴욕 시에 있는 다이너 중에 500개 이상은 그리스 이민자들이 소유하고 있다고 해요. 미국에 가시면 전통적인 다이너에 들러 traditional American food를 먹어 보는 경험을 해 보세요.

3 after school

여기서 school은 가산 명사인데도 관사 a, an, the를 쓰지 않았어요. 보통 school, hospital, church 등에 관사를 쓰지 않을 때는 그 장소의 목적을 위해서 가는 경우입니다. school은 공부를 하러 가고, hospital은 치료를 받으러 가고, church는 예배를 드리러 가는 것이죠. 관사를 쓸 때는 물리적인 장소로만 의미가 있어요. 예를 들어, "I went to school in the States."라고 하면 "미국에서 학창 시절을 보냈다."라는 의미가 되는데, "I went to the school to fix the plumbing issue in the school office."라고 하면 "교무실에 배수관 문제를 고쳐 주려고 그 학교에 갔다."라는 의미가 되죠. 학생이나 선생님이 아니라 물리적인 장소로만의 의미가 있을 때 관사를 쓴답니다.

4 What a small world.

'What a 형용사+명사'는 감탄을 할 때 쓰는 대표적인 표현이에요. "What a small world."는 "세상 정말 좁네요."라는 관용 표현인데, 정말 자주 쓰인답니다. 'What a 형용사+명사' 구조는 긍정, 부정의 의미로 모두 사용할 수 있습니다. 예문을 더 알아볼게요.

- **What a nice coincidence!** 이런 (반가운) 우연이 다 있네!
- **What a nice gesture!** 멋진 행동이시네요!
- **What a horrible service!** 진짜 형편없는 서비스네!

5 Their reputation is nationwide.

이 표현은 재치 있는 대화의 센스예요. 그 식당이 실제로 전국적으로 유명한 것은 아니지만, 다른 지역에서 우리가 대화를 나눌 만큼 괜찮은 곳이라는 의미로 위트 있게 표현한 거죠. 이런 말은 단순히 문법이나 표현을 외운다고 되는 것이 아니라, 농담을 잘하는 센스가 필요한 것이므로 보일 때마다 잘 익혀 두세요.

6 I'm craving ~.

'I'm craving ~'은 구어체에서 어떤 음식이 '당기다'라고 표현할 때의 유용한 표현이에요. 'I really want to eat/have ~'와 같은 의미인데, 좀 더 원어민스러운 표현이죠. 예문 몇 가지를 더 볼게요.

- **I'm craving steak for dinner.** 난 저녁으로 스테이크가 당겨.
- **Suddenly, I'm craving cheesecake now.** 갑자기 지금 치즈 케이크가 당겨.

센스 있는 영어 플러스

대화의 물꼬를 틀 수 있는 상대방에 대한 주제

1 최근에 다녀온 휴가지에 대해 묻기

대화 상대가 최근에 하와이에 다녀온 걸 알았다면, 이런 식으로 대화를 시작할 수 있어요.

- **I heard that you recently took vacation time to visit Hawaii, how was it?**
  너 최근에 하와이로 휴가 다녀왔다고 들었는데, 어땠어?

최근 여행지에 대해서라면 누구라도 신나는 이야기가 하나쯤 있을 거예요. 이런 식으로 대화를 시작하는 것이 스몰토크 고수들의 전략 중 하나입니다. 상대방이 여행을 자주 가는 사람이라면, 이런 질문도 좋죠.

- **Where would you most like to travel next?**
  다음에 가장 여행하고 싶은 곳은 어디야?

2 좋아하는 영화, 책, 취미 등에 대해 묻기

대화 상대가 영화, 독서, 여행 혹은 수집 등 특정 취미가 있다면 대화의 물꼬를 트기가 아주 쉬워집니다. 취미에 따라 다음과 같이 물어보면 돼요.

- **What are you currently reading?**
  요즘 읽는 책이 어떤 건가요?

- **What's the most memorable vacation you've ever taken?**
  여태까지 중에 가장 기억에 남는 휴가는 어떤 거였나요?

- **What are you currently collecting?**
  최근에 수집하는 건 어떤 거예요?

- **What's the last movie you watched?**
  마지막에 본 영화는 무엇이었나요?

3 상대방의 옷, 이메일 등에서 힌트 얻기

상대가 입고 있는 티셔츠에 가수나 밴드 이름이 있다면, 분명히 그 가수를 좋아하는 거겠죠.

- **I see your t-shirt says Adele. Have you ever been to one of her shows?**
  티셔츠에 아델이 쓰여 있는 거 봤어요. 그녀의 공연 가 본 적 있어요?

이렇게 물어보면 상대는 가 봤다고 하거나, 못 가 봤어도 그에 대한 대답을 할 거예요.

또는 직장에 새로 들어온 동료가 이메일에서 싱가포르에서 온 사람이라고 언급을 한 게 기억난다면 다음과 같이 질문할 수도 있겠죠.

- **I saw on the welcome email that you just moved here from Singapore. What is it like there?**
  환영 메일에서 싱가포르에서 막 오셨다고 봤어요. 싱가포르는 어떤 곳인가요?

이렇게 스몰토크에서 대화를 시작할 때는 상대방을 잘 관찰하는 것도 필요해요. 좋은 대화의 기술을 잘 익혀 두고 활용해 보세요.

여기서 꿀팁

전치사로 끝나는 문장

- **They were a great family to work for.**
  그들은 함께 일하기 정말 좋은 가족이었어요.

이 문장이 전치사 for로 끝나서 어색하게 보이셨나요? 만약 "They were a great family to work."이라고 했다면, 그 문장은 문법적으로 완전히 틀린 문장입니다.

- **They were a great family.**
  그들은 정말 좋은 가족이에요.

- **I work for a family.**
  저는 그 가족과 일해요.

이 두 문장을 하나로 합친 것이기 때문에 두 번째 문장에서 a family를 빼고 남은 work for를 모두 써 줘야 해요.

이렇게 문장을 하나로 합치면서 for, from, to, with 등의 전치사를 잊어버리는 경우가 자주 있어요. 자동사 뒤에 따라오는 전치사는 생략할 수 없다는 것을 꼭 기억하세요. 다음 예문들을 보면서 더 익혀 볼게요.

- **This is not what I was looking for.**
  이건 내가 찾고 있던 게 아니야.

- **He is a good friend to hang out with.**
  그는 같이 놀기 좋은 친구야.

- **You are the one I've been waiting for.**
  넌 내가 기다려 온 사람이야.

미국 현지 문화

Diner(다이너)에서 식사하기

앞에서 나온 diner에 관한 설명을 좀 더 해 볼게요. Bisque, Gravy 등 익숙하지 않은 메뉴 이름 때문에 주문하기가 어렵다면, 가장 안전한 방법은 그 식당에서 가장 인기 있는 추천 메뉴를 주문하는 거예요. 브런치를 먹으러 갔다면 빵을 선택해야 하는데, 보통 호밀 빵(Rye), 흰 빵(White), 통밀 빵(Whole Wheat) 중에서 고르게 될 겁니다. 계란은 스크램블(scrambled), 반숙(sunny-side up), 조금 더 익힌 것(over-easy), 수란(poached) 중에서 고르면 됩니다. 이런 선택이 어려우면 그냥 BLT 샌드위치나 팬케이크, 와플 등을 주문해도 좋습니다. diner는 아주 흔한 traditional American food를 저렴한 가격에 즐길 수 있는 곳입니다. 트레이닝복을 입고 잠깐 친구를 만나거나, 밤에 맥주를 한잔 하면서 스포츠 경기를 볼 수 있는 아주 편한 곳인데다 대부분 24시간 운영됩니다.

이런 다이너 스타일과 조금 다르지만, 전형적인 미국식 레스토랑을 체인으로 발전시킨 곳도 있어요. 제가 개인적으로 추천하는 곳은 미국 전역에 있는 Cracker Barrel이라는 곳인데, 전국 어디서나 똑같이 정겨운 교외 분위기에 흔들의자, 그리고 여러 가지 옷과, 장식품, 간식, 장난감 등을 살 수 있는 가게가 있어요. 리셉션의 안내에 따라 안으로 들어가면, 미국 역사를 볼 수 있는 사진들과 예전 농부들이 썼던 농기구 등이 예쁘게 디스플레이 되어 있죠. 오믈렛과 팬케이크가 정말 맛있는 곳이랍니다.

Unit 13

컨퍼런스에서의 비즈니스 대화

Are you enjoying the conference so far?

벤은 컨퍼런스에서 협력 관계사의 CEO인 앤을 보게 된다. 이 둘은 일 때문에 전화 통화는 해 봤지만, 실제로 만난 것은 처음이다.

Ben	Excuse me, it's Ms. Kim, isn't it?
Ann	Yes, that's right.
Ben	Hello, I'm Ben from HT. We've spoken on the phone several times.
Ann	Ah yes, of course! It's nice to finally meet you in person, Mr. Lee. How are you?
Ben	Great, thanks. How are you?
Ann	Very well, Thanks. Are you enjoying the conference so far?
Ben	Yes, it's been great. How about you?
Ann	Absolutely. I've been coming here every year for the last 5 years. It definitely helped me to get a lot of creative ideas.
Ben	I saw your company was just featured on one of Fast Company's 'Most Innovative' lists—congratulations!

해석

Ben	실례합니다, 김 대표님 맞으시죠?
Ann	네, 맞습니다.
Ben	안녕하세요, 저는 HT사의 벤입니다. 몇 번 통화한 적이 있습니다.
Ann	아, 그럼요! 직접 뵙게 돼서 반가워요. 어떻게 지내요?
Ben	잘 지냅니다. 어떻게 지내세요?
Ann	아주 잘 지내요. 컨퍼런스에 와 보니 좋은가요?
Ben	네, 아주 좋습니다. 대표님은 어떠신가요?
Ann	아주 훌륭해요. 저는 지난 5년 동안 매해 이 컨퍼런스에 참여하고 있어요. 창의적인 아이디어를 얻는 데 확실히 많은 도움이 됐죠.
Ben	고성장 하는 회사의 '가장 혁신적인' 리스트에 대표님의 회사가 특집으로 나온 걸 봤습니다. 축하드려요!

오늘의 표현

1. Excuse me, it's Ms. Kim, isn't it?
2. We've spoken on the phone.
3. It's nice to finally meet you in person.
4. Are you enjoying ~ so far?
5. every year for the last 5 years
6. be featured

오늘의 표현 뜯어보기

1 Excuse me, it's Ms. Kim, isn't it?

격식 있는 대화를 시작하기에 아주 적절한 방법이에요. "Excuse me"로 상대방의 주목을 끈 후에 마지막에 "isn't it?"으로 확인하면서 끝내는 문장이죠. 여기서 "you're Ms. Kim" 대신에 "it's Ms. Kim"을 쓰면 좀 더 예의 바르게 보일 수 있어요.

2 We've spoken on the phone.

"몇 번 통화를 한 적이 있어요."라는 표현에서 단순 과거 시제가 아니라, 'have+과거분사' 형태, 즉 현재완료 시제로 표현했습니다. 과거에 통화를 하고 끝난 것이 아니라 지금까지도 관계가 이어지고 있다는 느낌을 주는 표현이랍니다.

3 It's nice to finally meet you in person.

이 문장은 전에 전화나 이메일 등으로 소통은 했지만 얼굴을 처음 보는 경우에 쓰기 유용한 표현입니다. 'in person'은 '직접'이라는 뜻이고, 부사 finally를 써서 '드디어' 만나게 되어서 반갑다는 의미가 강조되었어요. 이것보다 좀 더 캐주얼한 표현으로 "It's nice to finally put a face to the name."도 있어요.

4 Are you enjoying ~ so far?

스몰토크를 할 때 아주 활용도가 높은 문장입니다. 직역하면 "지금까지 ~를 즐기고 있나요?"라는 의미로, 상대방의 소감이나 생각을 묻는 표현이죠. enjoying 뒤에 장소, 행사에 관련한 단어만 넣어 주면 유용하게 쓸 수 있답니다. 초면에도 쓸 수 있는 표현이에요.

5 every year for the last 5 years

'매해', '매달' 무엇을 했다고 표현할 때 every year, every month라고 하죠. '지난 5년 동안'이라고 기간을 추가할 때는 뒤에 'for the last+[숫자]+years/months'를 붙여 줍니다.

6 be featured

feature가 동사로 쓰일 때 '특별히 포함하다', '특집으로 다루다'라는 의미가 있어요. 신문이나 잡지에 특집 기사로 다뤄졌다고 할 때 수동태로 씁니다.

센스 있는 영어 플러스

캐주얼한 비즈니스 스몰토크

앞의 대화문에서는 벤이 타 회사의 높은 사람에게 대화를 건네는 경우여서 공손하고 격식 있는 말을 많이 썼습니다. 비슷한 상황으로 조금 캐주얼한 경우의 대화도 한번 볼게요. 전화 통화로 몇 번 대화를 했던 비즈니스 관계이지만, 실제로는 처음 만나는 상황이죠.

A **Hi, you're Kathy, right?**

B Yeah.

A I'm Tony from SMG. We've spoken on the phone quite a bit.

B Ah yes, Tony! **I thought I recognized the voice.** How's it going?

A Great, thanks. How about you?

B Pretty good, thanks.

A **It's nice to finally put a face to the name.**

B Yeah, absolutely.

A 안녕하세요, 캐시 씨 맞죠?

B 네.

A 저 SMG의 토니예요. 우리 전화 통화 꽤 했는데요.

B 아, 토니 씨구나! 목소리가 낯이 익다 했어요. 잘 지내세요?

A 네, 잘 지내요. 캐시 씨는요?

B 저도요.

A 드디어 실제로 얼굴을 보니 좋네요.

B 네, 정말로요.

어떤가요? 비슷하면서 다른 점을 눈치 채셨나요? "Excuse me, it's Ms. Kim, isn't it?"이라고 시작한 대화가 이번에는 "Hi, you're Kathy, right?"이라고 조금 편하게 시작됐어요. "I thought I recognized the voice.(목소리가 낯이 익다 했어요.)" 이 표현도 너무 격식을 차려야 하는 관계에서는 하기 어려운 말이죠. 그리고 앞에서 언급한 것처럼 "It's nice to finally meet you in person."보다는 "It's nice to finally put a face to the name."이 좀 더 캐주얼한 표현이랍니다.

이처럼 같은 비즈니스 대화라도 아주 격식을 차려야 하는 자리와 조금 캐주얼한 자리에서 말을 다르게 할 수 있다는 것을 알아 두면 훨씬 세련되게 스몰토크를 이끌어 갈 수 있어요.

여기서 꿀팁

비즈니스 대화에서 상대방을 부를 때

비즈니스 영어에서 가장 주의할 것 중 하나가 상대방에 대한 호칭이에요. 컨퍼런스 등에서는 보통 이름표를 달고 있어서 누가 누군지 알기 쉽습니다. 초면인 경우에는 Mr., Mrs., Ms., Dr., Professor, Senator 등에 성을 붙여서 불러야 합니다. 여성의 경우, 결혼 여부를 모르기 때문에 보통 Ms.라고 부르는 게 안전합니다.

- **Excuse me, it's Mr. Lee, isn't it?**
  실례합니다만, 이 선생님 맞으시죠?

- **This is Professor Jones.**
  이쪽은 존스 교수님이십니다.

- **It's nice to meet you, Ms. Jang.**
  만나 뵙게 되어 반갑습니다, 장 대표님.

알아 두면 좋아요

컨퍼런스(conference)와 세미나(seminar)의 차이

먼저 '컨퍼런스'는 특정한 topic에 대해 토론하기 위해 멤버들이 모이는 큰 규모의(작게는 50명~몇 천 명까지) 모임이라고 보면 됩니다. 그래서 기간도 하루이틀이 아니라 상대적으로 오랫동안 진행되죠. 반면에 '세미나'는 전문가들이 나와서 강연을 하거나 토론을 주관하고, 참가자들에게 정보를 주려는 것이 목적인 '교육 포럼 행사'에 가깝습니다. 참가자들이 학생처럼 강연을 듣는 것이 중점이죠. 보통 세미나가 끝나면 certificate(증명서, 수료증)을 주는데, 컨퍼런스는 그렇지 않습니다. 우리가 말하는 워크숍(workshop)은 컨퍼런스와 세미나 중간 정도라고 보면 됩니다. 그리고 컨벤션(convention)은 컨퍼런스보다 더 큰 규모가 될 수도 있고, 컨벤션 안에서 컨퍼런스가 열리기도 합니다.

Unit 14

결혼식 하객 간의 대화

Are you a guest of the bride or groom?

신랑 쪽 손님 매트, 신부 쪽 손님 클로이가 결혼식 하객으로 같은 테이블에 앉아 있다.

Matt   Hey, **are you a guest of the bride or groom?**

Chloe   I know the bride; we've been friends since elementary school.

Matt   Oh, **get out**, I've known the groom since the 2nd grade. And here we are, almost forty years later.

Chloe   Finding love later in life seems so much sweeter. Especially because this is both their first marriage.

Matt   Yeah, **the odds of** that **are so slim** these days. Most of us are on our first divorce.

Chloe   **Guilty as charged.**

Matt   But I'm so happy for my buddy. Your friend changed his life.

Chloe   Aww, I know, she is the best person ever. And he treats her so well, **the way she deserves.**

Matt   Well, let's make this even more awkward. **Would you like to** dance?

Chloe   I would be happy to.

해석

Matt 안녕하세요, 신부 쪽 하객이세요, 신랑 쪽 하객이세요?

Chloe 저는 신부 친구예요. 초등학교 때부터 친구예요.

Matt 와, 말도 안 돼요, 저는 신랑을 초등학교 2학년 때부터 알았어요. 40년 가까이 지나서 이렇게 뵙게 되네요.

Chloe 인생 느지막하게 사랑하는 인연을 찾는 게 훨씬 로맨틱한 것 같아요. 특히나 이렇게 둘 다 초혼인 경우에는 더요.

Matt 네, 이런 경우가 요즘 진짜 드물잖아요. 우리 또래는 대부분 첫 번째 이혼을 한 경우가 많죠.

Chloe 내 얘기하는 것 같네요.

Matt 근데 제 친구를 보면 기분이 좋아요. 당신 친구가 인생을 바꿔 놨어요.

Chloe 아, 그러게요, 이 친구는 정말 좋은 사람이에요. 그리고 신랑도 제 친구가 가치 있는 만큼 정말 잘해 주고요.

Matt 그럼, 우리 좀 더 어색해져 볼까요? 저랑 같이 춤 추실래요?

Chloe 좋아요.

오늘의 표현

1. Are you a guest of the bride or groom?
2. Get out.
3. The odds of ~ are so slim.
4. Guilty as charged.
5. the way she deserves
6. Would you like to ~?

오늘의 표현 뜯어보기

1 Are you a guest of the bride or the groom?

이 문장에서는 관사 이야기를 해 볼게요. 왜 bride와 groom 앞에는 정관사 the를 쓰고, guest 앞에는 부정관사 a를 썼을까요? 이 두 사람 모두 신랑, 신부가 누구를 지칭하는지 확실히 알고 있기 때문에 the를 쓴 거예요. 그리고 guest는 상대의 정체가 명확하지 않기 때문에 a를 썼죠. 관사는 우리말에서 익숙하지 않은 문법 요소이기 때문에 가끔 놓치는 경우가 많아요. guest 앞에도 꼭 관사를 써야 한다는 것을 기억하세요.

2 Get out.

여기서의 "Get out."은 "믿을 수가 없어요."라는 의미예요. 문자상의 의미 그대로 "나가세요."라는 말이 아니죠. 놀라운 사실에 반응할 때 구어체에서 꽤 쓰이는 표현이에요. 비슷한 표현으로는 "Get out of here."도 있습니다.

3 The odds of ~ are so slim.

여기서 odds는 '가능성'을 의미합니다. 대화문에서는 신랑과 신부 둘 다 나이가 많은데 느지막하게 진짜 사랑을 찾을 가능성과 둘 다 초혼일 가능성이 모두 낮다고 말하고 있죠. 여기서 중요한 것은 형용사 slim이에요. 우리말로는 '날씬한'이라는 뜻으로만 외웠을 겁니다. 그런데 실제 회화에서는 '(가능성 등이) 빈약한'과 같은 뜻으로 많이 쓰여요. 알아 두면 유용하게 쓸 수 있는 표현이에요.

4 Guilty as charged.

이 표현은 원어민들의 일상 회화에서는 흔하게 쓰이는데, 시험에 나오지 않는 표현이라서 그런지 우리나라 학생들에게는 생소하게 느껴지는 듯해요. 직역하면 "기소한 대로 유죄다."라는 딱딱한 뜻이지만, 실제로는 가벼운 분위기에서 솔직하게 뭔가를 인정할 때 쓰는 관용구입니다. "제가 그렇다는 것을 인정해요."라는 의미죠.

5 the way she deserves

직역하면 '그녀가 받아야 할 방식'이라는 뜻으로, 여기서는 '신부가 응당 받아야 할 좋은 대우'를 의미해요. 다른 문장에서는 문맥에 따라 좋은 대우일 수도 있고, 나쁜 대우일 수도 있죠. she 자리에 대우를 받을 사람을 바꿔 넣어서 응용해 보세요.

6 Would you like to ~?

이렇게 조동사 Would를 쓰면 공손한 존댓말이 돼요. 이 대화문에서는 초면인 사람에게 춤을 추자고 청하고 있으니 "Do you want to ~?"보다는 부드러운 어투가 필요하겠죠.

센스 있는 영어 플러스

미국 결혼식에서 쓰이는 기본 표현들

웨딩 사진, 들러리, 화동 등의 표현을 영어로는 뭐라고 할까요? 미국 결혼식에서 쓰는 다양한 결혼식 관련 표현들을 알아보면서 문화도 함께 익혀 보세요.

- **Groomsmen** 신랑 쪽 들러리

- **The best man** 신랑 쪽 들러리 중 리더, 가장 중요한 어시스턴트

- **Bridesmaids** 신부 쪽 들러리

- **Maid of Honor** 신부 쪽 들러리 중 리더, 가장 중요한 어시스턴트(보통 자매나 베스트 프렌드)

- **Bachelor/Bachelorette party** 결혼식 전 친구들끼리 하는 총각/처녀 파티

- **Ring bearer/Ring boy** 결혼 반지를 운반해 주는 어린 소년

- **Flower girl** 화동. ring boy 옆에 나이가 약간 더 많은 어린 소녀

- **Wedding gown** 우리말과 달리 formal한 드레스를 표현할 때 gown이라는 표현을 씁니다.

- **'Black tie' dress code**
  이 말은 초대장에서 많이 보게 되는데, 드레스코드를 이야기하는 것입니다. 결혼식이 formal한 경우 남자 게스트는 턱시도, 여자 게스트는 칵테일 드레스나 발끝까지 내려오는 긴 이브닝 드레스를 입어야 합니다.

- **Bustle**
  드레스 안에 넣는 '치마 틀'로, 긴 드레스를 입고도 움직임이 가능하게 하려고 치마 모양을 잡아 주는 역할을 해요. 그렇게 하면 피로연에서 춤을 추거나 이동하기가 훨씬 쉬워집니다.

○ **Canape/Hors d'oeuvres**
한 입에 먹을 수 있는 작은 핑거 푸드로, cocktail hour에 나옵니다. 주로 서서 먹기 때문에 냅킨만 놓고 간단히 먹을 수 있는 것으로 준비되죠.

○ **Destination wedding** 멀리 휴양지에서 하는 결혼식

○ **Engagement photos** 웨딩 촬영. 결혼식 전에 미리 찍는 사진

○ **Escort cards and place cards**
'에스코트 카드'는 어느 테이블에 가야 하는지를 알려 주고, '플레이스 카드'는 테이블에서 정확히 어디에 앉아야 하는지를 알려 줍니다. 격식을 따지는 정도에 따라서 플레이스 카드를 생략하는 곳도 있습니다.

○ **Wedding favors** 결혼식 손님들에게 신랑, 신부가 주는 답례품

○ **Fondant**
케이크를 장식하기 위해 올리는 달고 끈적이는 설탕 반죽. 먹을 수는 있지만 너무 달아서 실제로 나눠 줄 때는 제거하고 주는 경우가 보통입니다.

여기서 꿀팁

미국 결혼식에 초대 받았을 때

미국 결혼식은 초대장을 몇 개월 전에 아주 일찍 보내는 경우가 많고, RSVP(초대에 대답하는 것)를 할 때에는 꼭 참석 여부와 함께 몇 명이 가는지, 아이가 있다면 몇 살인지까지도 써 줘야 합니다. 결혼식에 가면 꼭 테이블 카드에 이름을 확인하고 앉아야 해요. 신랑, 신부가 초대 손님들을 고민해서 자리 배정을 하는 거니까요. 보통 큰 라운드 테이블이고, 가운데에 center piece라는 큰 꽃 장식을 놓습니다. 그때 같은 테이블에 앉은 사람이 초면이라면 간단히 스몰토크를 하면 돼요.

초면인 사람과 격식 있는 행사에서 말을 시작하려면 어색하게 느껴질 수 있는데요, 이런 자리에서는 보통 멋진 액세서리나, 넥타이, 핸드백 등을 착장했을 가능성이 높기 때문에 그런 것들을 칭찬하면 좋습니다.

- **What a nice bracelet! The color matches really well with your dress.**
  팔찌 정말 예쁘네요. 입고 계신 드레스와 정말 잘 어울려요.

또한 결혼식이 열리는 장소에 대해 물어보는 문장도 아주 유용합니다. 와 본 적 있는지 물어볼 수도 있고, 테이블 장식을 보며 이야기를 꺼낼 수도 있어요.

- **Have you been here before? I came here for a conference last summer.**
  여기 (행사장에) 오신 적 있나요? 전 지난여름에 컨퍼런스차 여기 온 적이 있어요.

- **This centerpiece is so classy and sophisticated! It looks like a winter wonderland here!**
  이 센터피스 정말 우아하고 세련됐어요! 겨울 원더랜드 같아요!

미국 현지 문화

미국 결혼식은 엄청 길다?

네, 맞습니다. 보통 결혼식이 4시쯤 시작했다고 하면 밤 11시 넘어서까지 결혼식 파티가 계속됩니다. 결혼식 자체가 끝나면 간단한 식사를 하는 cocktail hour가 진행되고, 그 다음 본격적인 reception 파티가 시작됩니다. 이때는 신랑과 신부가 하객 테이블을 다니면서 사진도 찍고, 깜짝 이벤트나 게임도 준비하고, 다양한 쇼와 함께 DJ를 고용해서 분위기를 띄우기도 하죠. 이렇게 파티가 진행되는 동안에 진짜 저녁 식사가 서빙됩니다. 그래서 저녁 먹는 시간도 굉장히 길고, 디저트와 커피까지 마시면 밤 9시가 될 때도 많습니다. 저는 개인적으로 중간중간 나오는 음식을 먹느라 저녁 식사를 끝까지 먹은 기억이 없어요. 미국 결혼식에서는 남녀노소 할 것 없이 댄스 타임에 참여합니다. 결혼식장 한쪽에는 Open Bar가 있어서 무료로 술과 음료를 계속 마실 수 있는데, 조심하지 않으면 과음하기가 쉽습니다. 이때 바텐더에게는 한 잔당 최소 $1(고급 연회장은 $2)의 tip을 줘야 해요. 결혼식이 끝나면 신랑, 신부가 서버들과 스태프들에게 많은 양의 팁을 준답니다.

Unit 15

지인을 소개해 주는 대화

What lies has Emma been spreading?

엠마가 친한 친구 앤을 직장 동료 댄에게 소개해 주려고 한다.

Emma	Ann, meet my colleague Dan. Dan, this is the friend I always talk about, my friend from college.
Dan	Oh, the famous Ann!
Ann	Uh oh, what lies has Emma been spreading?
Emma	No lies, just the truth. Like when we went clubbing and you fell in front of a police horse and knocked your tooth out.
Dan	Did the tooth fairy come?
Ann	Yeah, and she left a bill for $1,000 for an implant. That was a crazy night!
Dan	Sounds like a super fun night! I've never partied like that.
Emma	We're going out this weekend, come out with us!
Ann	Yeah, it'll be fun! We don't party as hard as we used to. But maybe bring some Band-Aids with you. Better safe than sorry!
Dan	Yeah, it's time I start living a little. I'm in!

해석

Emma 앤, 이쪽은 내 직장 동료 댄이야. 댄, 이쪽은 내가 항상 이야기하는 그 대학 친구예요.

Dan 아, 그 유명한 앤 씨군요!

Ann 어, 엠마가 무슨 거짓말을 퍼뜨린 거죠?

Emma 거짓말은 무슨, 사실만 말했지. 클럽에 갔다가 네가 경찰마 앞에서 넘어져서 이가 나갔던 것 같은 이야기.

Dan 이의 요정이 왔나요?

Ann 그럼요, 임플란트를 하라고 천 달러짜리 지폐를 놓고 갔죠. 굉장한 밤이었어요!

Dan 진짜 신나는 밤이었을 것 같아요! 전 한 번도 그렇게 놀아 본 적이 없어요.

Emma 우리 이번 주말에 놀러 나가는데, 같이 가요!

Ann 그래요, 재미있을 거예요! 우리도 전처럼 심하게 안 놀아요. 그래도 혹시 모르니까 일회용 밴드는 가져와요. 나중에 후회하느니 안전한 게 나으니까요!

Dan 알겠어요, 저도 인생을 재미있게 살 때인 것 같아요. 저도 함께할게요!

오늘의 표현

1. The famous ~.
2. What lies has ~ been spreading?
3. tooth fairy
4. I've never partied like that.
5. Better safe than sorry!
6. living a little
7. I'm in!

오늘의 표현 뜯어보기

1 The famous ~.

정관사 the 뒤에 형용사 famous와 사람 이름을 붙이면 "그 유명한 ~ 씨군요."라는 표현이 돼요. 친구의 친한 친구를 소개 받았을 때, "얘기 많이 들었어요."라는 말과 비슷하게 쓰이죠. 하지만 좀 더 장난스럽고 위트 있는 표현이에요.

2 What lies has ~ been spreading?

앞서 상대방이 "얘기 많이 들었어요."나 "그 유명한 ~ 씨군요."라는 말을 했을 때, "친구가 뭐라고 거짓말을 퍼뜨리던가요?"라고 농담으로 응수할 수 있어요. 스몰토크에서는 유머 감각도 중요한 부분이에요. 단순히 문장만 외우지 말고 재치와 센스도 많이 보고 익혀 두세요.

3 tooth fairy

제가 어렸을 때 이가 빠지면 엄마가 지붕 위로 던져 주셨던 게 기억이 나요. 까치가 헌 이를 가져가고 새 이를 준다고 하면서 말이죠. 미국에서는 빠진 이를 베갯잇에 넣어 두면 '이의 요정'이 헌 이를 돈을 주고 가져간다고 해요. 그래서 실제로 부모님이 아이들에게 $1~$5 정도의 용돈을 주죠. 아이들은 이가 빠지면 다음 날 용돈이 생길 거라고 좋아해요. 앞의 대화문에서는 사고로 앤의 이가 빠졌다는 이야기에 댄이 '이의 요정'이 왔었냐고 농담을 한 거예요.

4 I've never partied like that.

party라는 동사는 '파티를 하다'라는 뜻도 있지만, 구어체에서 '먹고 마시며 놀다'라는 의미로도 많이 쓰여요. 그래서 "I've never partied like that."을 "한 번도 그렇게 파티를 해 본 적 없어요."라고 생각하기보다 "한 번도 그렇게 신나게 놀아 본 적이 없어요."라고 해석하는 것이 더 적합합니다.

5 Better safe than sorry!

이 표현은 "It's better to be safe than sorry!"를 간단히 줄인 말로, "조심하는 것이 (그렇지 않아서 나중에) 후회하는 것보다 나아!"라는 뜻이에요. 관용 표현으로 쓰기 때문에 한꺼번에 문장으로 외워 두는 게 좋답니다.

6 live a little

'live a little'은 '인생을 좀 즐기며 살다'라는 표현이에요. 이 표현은 어디에서도 쉽게 배우기 어렵지만 원어민들이 정말 많이 쓰는 표현이니 통으로 외워 두세요. 바쁘게 치여 사는 친구에게 "너도 좀 즐기며 살아."라고 할 때 "Live a little."이라고 말해 줄 수도 있고, 스스로 좀 여유를 갖고 싶을 때도 쓸 수 있는 표현이죠.

7 I'm in!

짧지만 이 문장도 아주 유용한 표현이에요. "나도 함께할게!", "나도 끼워 줘!"라는 뜻이죠. 반대말도 아주 쉬워요. "I'm out."이라고 하면 됩니다.

센스 있는 영어 플러스

'go+동명사'을 활용한 다양한 표현들

'go+동명사'는 '~하러 가다'라는 의미예요. club은 구어체에서 '클럽에 가다'라는 동사로 쓸 수 있는데, 이 동사를 동명사로 만들어서 'go clubbing'이라고 하면 '클럽에 (놀러) 가다'라는 의미가 되죠. 'go+동명사' 구조는 특히 스포츠, 레저 활동, 액티비티 등에 사용하는 경우가 많아요.

go fishing 낚시하러 가다	**go hunting** 사냥하러 가다
go golfing 골프 치러 가다	**go skiing** 스키를 타러 가다
go running 달리기하러 가다	**go skating** 스케이트를 타러 가다
go jogging 조깅하러 가다	**go bowling** 볼링을 치러 가다
go kayaking 카약을 타러 가다	**go clubbing** 클럽에 놀러 가다
go shopping 쇼핑하러 가다	**go camping** 캠핑하러 가다
go trekking 트레킹을 하러 가다	**go sightseeing** 관광하러 가다
go hiking 하이킹을 하러 가다	**go mountain-climbing** 등산을 하러 가다
go sailing 요트를 타러 가다	**go scuba-diving** 스쿠버 다이빙을 하러 가다
go surfing 서핑하러 가다	
go sledding 썰매를 타러 가다	**go horseback riding** 승마를 하러 가다
go swimming 수영하러 가다	
go walking 산책하러 가다	

이 표현을 활용한 예문들을 좀 볼게요.

○ **When I was young, my dad and I went fishing every weekend.**
어렸을 때 우리 아빠와 나는 주말마다 낚시를 하러 갔어요.

○ **On weekends, many locals come to Great Falls to go hiking and climbing.**
주말에는 지역 주민들이 그레이트 폴에 하이킹과 산악 등반을 하려고 많이들 와요.

○ **I skipped lunch to go Christmas shopping.**
난 크리스마스 쇼핑을 하려고 점심을 걸렀어요.

○ **Did you go sightseeing when you first arrived in Manhattan?**
맨해튼에 처음 도착했을 때 관광하러 갔나요?

○ **Hey, want to go bowling next week?**
있잖아, 다음 주에 볼링 치러 갈래?

○ **I would love to go horseback riding in West Virginia.**
전 웨스트 버지니아에 말을 타러 꼭 가고 싶어요.

여기서 꿀팁

브랜드 이름이 보통 명사가 된 영단어

영단어 중에는 브랜드 이름이 그 제품을 대표하는 보통 명사가 된 경우가 있습니다. 몇 가지 예를 보면서 모르고 있던 단어는 새로 익혀 보세요.

- **Band-Aid** 일회용 밴드
  한국에서 '대일밴드'와 같은 예입니다. 사실 '대일'이라는 회사에서 만든 '일회용 반창고'인데, 워낙 대표적이고 오래되다 보니 그냥 일반적으로 쓰는 경우가 많아요. 영어에서도 Band-Aid라는 회사가 가장 유명해서 'adhesive bandage' 대신 쓰이게 되었답니다.

- **Chap Stick** 입술에 바르는 막대형 크림
  원래 이 크림의 이름은 'lip moisturizer' 혹은 'lip balm'인데, Chap Stick이라는 회사가 너무 유명해지다 보니 미국에서 이렇게 말하면 누구나 알아 듣게 되었어요.

- **Scotch Tape** 다용도 접착 테이프
  3M이라는 회사에서 만든 '다용도 접착 테이프'예요. 원래는 'clear tapes'라고 해야 하죠. 이 회사에서 나온 제품 중에 또 하나 통용되는 이름이 있습니다. 바로 '접착식 메모지'인 Post-it이죠.

- **Jacuzzi** 자쿠지
  세계 최초로 뜨거운 욕조를 개발한 '자쿠지'라는 사람의 이름을 딴 명칭입니다. 영어로 'hot tub' 대신 'jacuzzi'라고 해도 모두 알아 들어요.

- **Jell-O** 젤리
  이 단어는 미국에서만 통하는 말인데, '젤리(Jelly)'를 이렇게 부른답니다. 원래는 'gelatin dessert'라고 해야 하지만, 유명한 상표 이름 때문에 '젤라틴으로 만든 모든 말랑한 디저트'를 다 Jell-O라고 불러요.

- **Q-Tips** 면봉

'면봉'이라고 하는 'cotton swab'의 또 다른 명사입니다. 면봉이 필요할 때 다들 "I need some Q-Tips."라고 하죠.

- **Xerox** (복사기로) 복사하다

이 단어는 특이하게 동사로 많이 쓰이는데, 사실 좀 오래된 표현이어서 요즘에는 잘 쓰지 않아요. 유명한 복사기 회사인 Xerox의 이름을 따서 '(복사기로) 복사하다'라고 할 때 'photocopy'라는 말 대신에 종종 사용한답니다.

미국 현지 문화

클럽을 깡충 뛰어다닌다고?

클럽을 1차, 2차 등으로 나누어서 하룻밤에 여러 곳을 갈 때 쓰는 말이 있는데, 바로 'club hopping'이라는 표현입니다. hop은 '깡충 뛰다'라는 동사죠. 클럽을 여기저기 다니는 모습을 깡충거리며 뛰어다니는 것에 비유한 거예요. 술집(bar)을 여러 군데 다닐 때는 'bar hopping'이라고 해요. 참고로 여자들끼리만 모여서 유흥을 즐기며 보내는 밤을 'girls night out' 혹은 'ladies' night'이라고 한다는 것도 알아 두세요.

Unit 16

학교에서 자기소개하기

I want to make a good first impression.

학교 개강 첫날, 클로이와 조시가 강의실에서 처음 만나 대화를 시작한다.

Chloe	Hey, do you know anything about this teacher?
Josh	No, it's my first class with her, but I heard she's very nice. Tough, but fair.
Chloe	I'm so nervous, I want to **make a good first impression**.
Josh	Aww, that's sweet. What's your name by the way?
Chloe	Oh, sorry! I'm Chloe.
Josh	I'm Josh. **Are you from around here?**
Chloe	I moved here about a year ago. **I'm originally from** Kansas, but we moved around a lot. My dad is in the military.
Josh	That's cool. I was born 10 blocks from here. Never lived outside a 1-mile radius.
Chloe	I'm so jealous! We never stayed anywhere longer than 3 years.
Josh	Classic case of **"the grass is always greener."** I would love to experience living somewhere else.

해석

Chloe 안녕, 혹시 이 선생님에 대해 뭐 아는 것 좀 있어?

Josh 아니, 나도 이 분은 처음인데, 아주 좋은 분이라고 들었어. 엄격하지만 공정하시다고.

Chloe 완전 긴장돼, 첫인상을 멋지게 남기고 싶은데.

Josh 와, 너 다정하구나. 근데 넌 이름이 뭐야?

Chloe 아, 미안! 난 클로이라고 해.

Josh 난 조시야. 이 근처 출신이야?

Chloe 1년 전쯤 이사 왔어. 원래는 캔자스 출신인데, 이사를 많이 다녔어. 아빠가 군인이시거든.

Josh 멋지다. 난 여기서 10블록 떨어진 데서 태어났어. 여기서 1마일 반경 밖에서 살아 본 적이 없지.

Chloe 진짜 부럽다! 우린 3년 이상 한 곳에 살아 본 적이 없어.

Josh '남의 떡이 더 커 보인다.'의 전형적인 경우네. 난 다른 데에 가서 살아 보고 싶거든.

*radius 반경, 반지름

오늘의 표현

1. make a good first impression
2. Are you from around here?
3. I'm originally from ~.
4. The grass is always greener.

오늘의 표현 뜯어보기

1 make a good first impression

'make a ~ impression'은 '~한 인상을 남기다'라는 표현이에요. 동사 make 외에도 leave, create, give 등을 써서 타인에게 '~한 인상을 남기다'라는 표현을 할 수 있습니다.

- **He was eager to make a good impression on his boss.**
  그는 상사에게 좋은 인상을 심어 주려고 열심이었다.

- **Anthony's performance had clearly made a lasting impression on the audience.**
  앤소니의 공연은 확실히 관중에게 오랫동안 기억에 남았다.

- **Silvia certainly left an impression on him.**
  실비아는 확실히 그에게 깊은 인상을 남겼다.

- **Arriving late for the interview won't create a very good impression.**
  인터뷰에 늦게 도착한다면, 좋은 인상을 전달할 수 없지요.

- **Angela's speech definitely gave the impression that she was enthusiastic about the project.**
  안젤라의 연설 후, 그녀가 이 프로젝트에 대단히 열성적이라는 것을 확실히 느낄 수 있었다.

반대로 'get a ~ impression'을 쓰면 '~한 인상을 받다'라는 응용 표현이 돼요.

- **What sort of impression did you get of the city?**
  그 도시에 대해서 어떤 인상을 받으셨어요?

2 Are you from around here?

초면인 상대방에게 이곳 출신이냐고 묻는 질문이에요. "Where is your hometown?(고향이 어디야?)"이라는 교과서적인 문장보다 훨씬 더 원어민스러운 표현이랍니다. 막상 보면 쉬운 문장인데 생각보다 바로 머리에서 떠오르지 않는 표현이니까 반복 연습해 보세요.

3 I'm originally from ~.

originally라는 부사를 붙여서 자기가 태어난 도시, 동네, 국가, 국적 등을 말할 수 있어요. "I am originally from Harrisburg, Pennsylvania."라고 하면 "저는 팬실베니아 주 해리스버그 출신이에요."라는 의미죠. 우리는 대한민국 사람이니까 "I am originally from South Korea."라고 하면 됩니다.

4 The grass is always greener (on the other side).

이 표현은 미국의 속담으로, 우리말의 "남의 떡이 더 커 보인다."와 같은 의미예요. 직역하면 "다른 쪽(side)의 잔디가 더 푸르게 보인다."라는 뜻이죠. 실제로는 별 차이가 없는데 다른 사람의 상황이 더 부럽게 느껴지는 경우에 잘 어울리는 표현입니다.

센스 있는 영어 플러스

초면에 만난 사람과 대화를 이어가는 방법

아무리 활발하고 사교적인 사람도 처음 만난 사람과의 스몰토크는 긴장될 거예요. 운이 좋게 상대방이 수다스러운(talkative) 사람이라면, "Mhmm," "Yeah," "Tell me more," "Wow, interesting!" 등의 추임새만으로도 대화가 이어지지요. 하지만 상대방이 과묵하고 내성적인 편이라면 어떻게 할까요? 가장 좋은 방법은 질문을 연속적으로 하는 거예요.

앞의 대화문에서는 자기소개를 하는 대신에 '선생님'에 대한 질문으로 자연스럽게 대화를 시작했지요. 자기소개를 하는 게 어색하다면, 이렇게 공통 관심사로 대화의 물꼬를 트는 것도 좋은 방법이에요.

좀 더 깊이 있고 의미 있는 대화를 통해서 상대방을 알아가는 게 목적이라면, 질문을 하고 대답을 들은 후 바로 다른 주제로 넘어가지 마세요. 대답에 대해 연속적으로 관련 있는 질문을 하는 거죠. 이것을 'follow-up questions'이라고 합니다. '수박 겉핥기'식 대화가 아니라 상대방에게 정말로 관심을 기울이는 연습을 하는 거예요.

예를 들어, 제가 미국 버지니아 주에 사는 고등학생인데, 미국 남부 악센트가 강한 친구를 만났다고 가정해 보죠. 제가 "Where are you from?(어디에서 왔어?)"이라고 질문하고, 상대방이 "Louisiana.(루이지애나에서.)"라고 대답했어요. 그럼 또 제가 "Why did you move?(왜 이사 왔어?)"라고 follow-up question을 하고, 친구가 대답을 할 겁니다. 이때 바로 다른 주제로 옮기는 게 아니라, "What's the greatest similarity between Louisiana and here?(루이지애나랑 여기랑 가장 비슷한 점은 뭐야?)", "Where are your favorite places in Louisiana?(루이지애나에서 가장 좋아하는 장소는 어디야?)", "If I go to Louisiana, what can I absolutely not miss?(내가 루이지애나에 간다면, 절대 놓쳐서는 안 되는 경험이 뭘까?)" 등 상대방의 대답과 관련된 질문을 계속해서 이어갈 수 있어요.

이 follow-up question 기술을 통해 상대방의 취향, 성격, 취미, 살아온 경험 등 많은 정보를 알게 될 거고, 새로운 인간 관계와 우정을 쌓을 수 있을 거예요. 대화의 물꼬를 틀 수 있는 주제는 앞에 보이는 건축물, 평소 좋아하는 예술 작품, 지금 흘러나오는 음악, 자주 먹는 음식, 지나가는 사람들 등 끝도 없이 다양하답니다. 스몰토크를 두려워하지 말고 많이 질문하고 대답하는 연습을 해 보세요.

알아 두면 좋아요

Military brat과 Latchkey kid

앞의 대화문에서 클로이의 아버지가 직업 군인이라고 했죠. 미국에서 군인은 특권과 혜택, 존경을 많이 받지만, 반면에 군인의 자녀들은 대부분 학창 시절이 쉽지 않아요. 다른 지역, 멀게는 다른 국가로 계속 이사를 다니는 것이 특히 사춘기를 지내는 아이들에게는 힘든 일입니다. 예를 들어, 독일에 주둔하게 된 미국 군인의 자녀가 독일에서 생활하게 되면, 국적은 미국인인데 독일 문화에 익숙해진 이방인 같은 느낌이 들기 때문이죠. 그래서 어린 시기에 방황을 하는 아이들도 있습니다.

Military brat

'military brat'은 슬랭(속어)이에요. 우리말로 표현하면 '비뚤어진 군인 자녀'라는 말이지만, 사실 부정적인 뜻은 없답니다. 그보다는 군인에 대한 고마움과 아이에 대한 관심과 애정의 표현이 포함된 표현이라고 보는 게 좋습니다. 'military brat'은 그들만의 하위 문화와 문화적 아이덴티티를 함의하고 있는 표현이기도 해요.

Homeschooling

군인인 부모가 멀리 전쟁에 파병이라도 나가면, 아이들은 부모와 오랫동안 떨어져 지내야 해서 많이 힘들어 합니다. 그 와중에 새로운 학교 생활에 적응하는 것이 쉽지는 않죠. 그래서 홈스쿨링을 하는 경우도 많아요. 동사로 homeschool이라고 하면 '홈스쿨링을 하다'라는 말이고, homeschooled라고 하면 '홈스쿨링을 받은'이라는 표현이 됩니다.

Latchkey kid

'latchkey kid'라는 표현도 있는데, latch는 '문에 쓰는 빗장'이라는 뜻이에요. 즉, 학교에 갔다 집에 돌아올 때 '혼자 현관문을 열고 들어오는 아이'를 'latchkey kid'라고 부르죠. 부모님이 맞벌이를 해서(double income family) 낮에 혼자 지내는 아이를 표현할 때 쓰는 말입니다. 예문을 보죠.

o **Being a latchkey kid was hard at times, but it taught me the value of self-reliance at an early age.**
'맞벌이 부부의 아이'로 자라는 건 때때로 쉽지 않았지만, 어린 나이에 자립심이라는 가치를 배웠다.

Unit 17

워크숍 강사에 대한 대화

She's still very modest.

유럽의 한 워크숍에 회사 대표로 참가한 댄. 현장에서 프랑스 출신의 엠마를 만나 워크숍 강사에 대한 대화를 한다.

Dan   Any stand-out talks so far?

Emma This morning, I went to Jennifer Cohen's presentation about how to adapt to the new ESG regulations in the corporate fields. It was very inspiring!

Dan   Uh-huh, I actually know her personally. She's brilliant!

Emma Do you?

Dan   Yeah. And you know what? Even after so much success and many accomplishments, she's still very modest.

Emma Modest?

Dan   Yeah, modest.

Emma Sorry, but I've never heard that word before.

Dan   Oh, sorry, I didn't realize. It's like… eh… when someone is successful, but they don't show off—they don't go around boasting.

Emma Okay. Right. I think I know what you mean now.

해석

Dan 인상적인 강연이 좀 있었나요?

Emma 오늘 아침에 기업 현장에서 새로운 ESG 규제에 어떻게 적응해야 하는지에 대한 제니퍼 코헨 씨의 프레젠테이션에 갔었어요. 정말 인상 깊었어요!

Dan 맞아요, 저는 개인적으로 그녀와 아는 사이예요. 제니퍼가 정말 명석하죠!

Emma 그래요?

Dan 네. 정말 놀라운 게 뭔지 아세요? 그렇게 성공하고 많은 것들을 이룬 후에도 사람이 정말 겸손해요.

Emma '겸손'이라고 했나요?

Dan 네, '겸손'이요.

Emma 죄송한데, 그 단어를 들어 본 적이 없어요.

Dan 아, 죄송해요, 처음 들으신 줄 몰랐네요. 음, 그러니까, 어떤 사람이 성공했는데도 잘난 척하지 않고, 우쭐대며 다니지 않는 거요.

Emma 아. 알겠어요. 이제 무슨 뜻인지 알 것 같아요.

*corporate fields 기업계, 기업 현장

오늘의 표현

1. stand-out talks
2. adapt to ~
3. ESG
4. Sorry, but I've never heard that word before.
5. boasting

오늘의 표현 뜯어보기

1 stand-out talks

stand-out은 어떤 게 다른 것과 비교해서 '눈에 확 띄게 훌륭한'이라는 뜻으로 쓰는 표현이에요. talk은 '강연'을 의미하죠. 워크숍에서 다른 강의보다 훨씬 더 자극을 주는 좋은 강의가 있었는지 물어보고 있어요. "Have you been to any stand-out talks so far?"를 줄인 표현 "Any stand-out talks so far?"를 억양만 올려도 구어체에서는 의문문으로 쓸 수 있어요.

2 adapt to ~

이 대화문에서 'adapt to ~'는 '~에 적응하다'라는 뜻으로 쓰였어요. adapt는 문맥에 따라 '조절하다, 적합하게 하다, 맞추다, 변하게 하다, 전환하다' 등의 뜻으로 쓰일 수 있습니다. 조금 어려운 말이지만 '번안하다'라는 뜻으로도 쓰여서, 영화 대본을 각색하거나 개작할 때도 쓰이는 말입니다. 중요한 건 이 모든 뜻이 'change(변화)'의 의미를 가지고 있다는 거예요. 참고로 adapt의 명사 형태는 adaptation입니다.

3 ESG

ESG는 'Environmental, Social, and Governance'의 약자예요. '환경, 사회, 지배 구조'를 말하는 투자 관련 용어이기도 합니다. 조금 어려운 비즈니스 용어일 수는 있지만, 신문을 보면 꼭 나오는 표현이니 잘 알아 두세요. 예문을 볼게요.

- **Brokerage firms and mutual fund companies have started offering exchange traded funds (ETFs) and other financial products that follow ESG criteria.**

  브로커리지 회사와 뮤츄얼 펀드 사들이 ESG 기준을 따르는 ETF와 다른 재정 관련 상품들을 제공하기 시작했다.

4 Sorry, but I've never heard that word before.

처음 들어 보는 표현이 있을 때, 아는 척 넘어가는 것보다는 솔직하게 말하는 게 좋습니다. 어차피 영어를 사용하는 인구 중에 원어민의 비율은 상당히 낮기 때문이죠. 현재완료 시제를 사용해서 "그 단어는 전에 들어 본 적이 없어요."라고 말하면 됩니다. 이해를 못해서 대화 흐름을 놓치는 것보다는 이렇게 말해 주는 게 상대방이 다른 표현으로 설명하면서 더 나은 대화를 만들 수 있어요.

5 boasting

동사 boast(잘난 체하다, 큰소리치다)에서 온 동명사입니다. 사람에게 쓰면 부정적인 느낌이 조금 강한 표현이죠. 같은 뜻으로 brag라는 단어도 있어요. 예문을 보면서 의미를 더 확실히 알아 두세요.

- **He likes to boast about his father's successful business.**

  그는 본인 아버지의 성공적인 비즈니스에 대해 자랑하길 좋아해.

센스 있는 영어 플러스

이해를 못했을 때 Checking and Clarifying 하기

영어로 대화를 하면서 어떤 단어나 상대방의 말을 이해하지 못했다고 해서 부끄러워하지 마세요. 한국 사람끼리도 얘기하다가 되묻곤 하는데, 외국어를 구사할 때는 얼마든지 일어날 수 있는 일이니까요. 이해를 못했을 때 상대방에게 알려 주고 다시 설명해 달라는 표현은 어떻게 하면 되는지 알아 볼게요.

1 첫 번째, 상대방에게 이해하지 못했다는 것을 알리기

- **I'm sorry but I'm not sure (that) I understand.**
  = Sorry, I'm not sure (that) I know what you mean.
  죄송한데 제가 이해를 못한 것 같아요.

- **Sorry but I don't quite follow you.** 죄송한데 (내용을) 잘 못 따라가겠어요.

- **I'm sorry but I'm not sure I understand what you mean by ~.**
  = Sorry but I don't quite follow what you're saying about ~.
  죄송하지만 ~가 무슨 말인지 이해를 못 하겠어요.

2 두 번째, 의미를 명확하게 해 달라고 요청하기

- **Could you say it in another way?**
  = Could you rephrase that? 다르게 바꿔 말해 줄 수 있나요?

- **Can you clarify that for me?** (뜻을) 명확하게 말해 줄래요?

- **When you say..., do you mean ~?** …라고 말한 건 ~라는 뜻인가요?

- **Could you be more specific?** 좀 더 구체적으로 말해 주실 수 있나요?

- **Can you give me an example?** 예를 들어 주실 수 있나요?

- [formal] **Could you elaborate on that?**
  [격식] 자세히 말씀해 주실 수 있을까요?

3 실전 연습

가상 시나리오로, 여러분이 어떤 회사에 취직이 되었다고 생각해 보세요. 첫날, 교육을 받는데 상사가 새로운 기프트 카드 정책이 생겼다고 하네요. 이에 대한 설명이 이해가 잘 안 되었어요. 그럴 때는 다음과 같이 말하면 될 거예요.

- <u>Sorry but I don't quite follow what you're saying</u> about the new policy. <u>Could you be more specific</u> about gift card restrictions?

  죄송한데 새 정책에 대해 말씀하시는 걸 잘 못 따라가겠습니다. 기프트 카드 정책에 대해 좀 더 구체적으로 말씀해 주실 수 있을까요?

여기서 꿀팁

Intonation(억양)으로 한 단어 의문문 만들기

회화에서는 상대방이 쓴 단어에 억양만 올려 주면 아주 간편하게 의문문이 됩니다. 앞 대화문에서 엠마가 "Modest?"라고 했던 것처럼요. 상대방이 한 말을 못 알아 들었거나, 다시 한번 확실히 확인해야 할 때 억양만으로도 간단한 질문이 된다는 것 기억하세요. 다른 대화 예시를 보여 드릴게요.

A And in May, they're moving into the new offices.

B **New offices?**

A Yeah, didn't you know?

B No, they didn't mention it in our meeting.

A 그리고 5월에 그 회사가 새 사무실로 이전할 거예요.

B 새 사무실이요?

A 네, 모르셨어요?

B 몰랐어요, 미팅 때는 그런 말이 없었거든요.

알아 두면 좋아요

혼동하기 쉬운 단어 adapt와 adopt

adapt와 adopt는 스펠링이 비슷해서 혼동하기 쉬운 단어예요. 현장에서 학생들을 가르치다 보면 학생들이 헷갈려 하는 걸 많이 봤어요. 앞에서 설명한 대로 adapt는 '변화'의 의미가 있다는 걸 확실히 기억해 두세요. 예문을 보겠습니다.

- I adapted myself quickly to the new climates.
  나는 새로운 기후에 금방 적응했다.

- This story has been adapted for a Netflix series.
  이 이야기는 넷플릭스 시리즈용으로 각색되었다.

- We have had to adapt quickly to the new system.
  우리는 새로운 체계에 재빠르게 적응해야만 했다.

- It took me a long time after college to adapt to life in the office.
  나는 대학을 졸업하고 사무직 생활에 적응하는 데 오랜 시간이 걸렸다.

이제 adopt의 뜻을 보면, 'accept(받아들이다)'의 의미가 있어요. 제가 통역을 하다 보면 '허용하다', '입양하다', '대표자나 후보자로 선택하다', '흡수해서 자기 것으로 만들다' 등으로 주로 통역했어요. adopt에 대한 예문을 볼게요.

- I have decided to adopt a child. 난 아이를 입양하기로 결정했다.

- They adopted our marketing methods.
  그 회사가 우리 마케팅 방법을 채택했다.

- We will have to adopt a more scientific approach in the future.
  우리는 앞으로 좀 더 과학적인 접근법을 받아들일 필요가 있을 것이다.

Unit 18

반려견에 대한 대화

I got Semma from this amazing rescue center.

애견 공원(dog park)에 각자의 반려견을 데리고 나온 앤과 벤. 앤이 먼저 벤의 반려견에게 말을 걸면서 대화가 시작된다.

Ann Hi, cutie. What's your name?

Ben This is Rambo! What's your doggy's name?

Ann She's Semma, my 7-year-old terrier. I've never seen her so excited to meet another dog. What kind is he?

Ben He's a pit-bull mix. They picked him up in Georgia. It looked like he was abandoned at a rest stop along the highway.

Ann How can anyone just leave their dogs behind? Bad souls.

Ben He gets nervous whenever we get in the car. I'm trying to help him get over that, but it's totally understandable why he freaks out. We're thinking of getting him a brother or sister to help him adjust.

Ann I got Semma from this amazing rescue center, let me find their Instagram.

Ben That would be great!

해석

Ann 안녕, 귀염둥이. 이름이 뭐니?

Ben 람보예요! 당신 강아지 이름은 뭐예요?

Ann 얘는 '셈마'예요, 7살짜리 테리어예요. 셈마가 다른 강아지를 보면서 이렇게 신나 하는 거 처음 봐요. 람보는 무슨 종이에요?

Ben 핏불 잡종이에요. 조지아 주에서 구조됐어요. 고속도로 휴게소에 버려져 있는 것 같았대요.

Ann 어떻게 자기 강아지를 그렇게 두고 갈 수 있죠? 악한 영혼들.

Ben (그래서) 우리가 차만 타면 람보는 불안해해요. 제가 극복하게 해 주려고 노력하긴 하는데, 얘가 패닉하는 게 충분히 이해가 돼요. 적응을 도와줄 남동생이나 여동생을 데려올까 생각 중이에요.

Ann 저는 셈마를 정말 좋은 구조 센터에서 데려왔거든요, 거기 인스타그램을 보여 드릴게요.

Ben 그래 주면 정말 좋겠어요!

오늘의 표현

1 dog park
2 Hi, cutie. What's your name?
3 What kind is he?
4 a rest stop
5 help ~ get over
6 freak out

오늘의 표현 뜯어보기

1 dog park

'애견 공원', '강아지 놀이공원'이라고 부르는데, 한국의 '애견 카페' 같은 시설이에요. 미국에는 동네마다 하나씩 다 있답니다. 워낙 반려견을 많이 키우는 나라라서 grooming center(애견 미용실), pet hotel(애견 호텔), pet shop(펫숍), animal hospital(동물 병원) 등 반려견과 관련된 비즈니스가 정말 많아요. 한국도 이런 곳이 많이 활성화되고 있죠. dog park 중에서 줄을 묶지 않아도 되는 곳은 off-leash park라고 해요.

2 Hi, cutie. What's your name?

cutie는 보통 사람을 귀엽게 부르는 애칭인데, 강아지나 고양이 등 동물을 부를 때도 쓸 수 있어요. 당연히 동물은 대답을 못 하겠지만, 이럴 때 주인이 대신 대답해 주죠. 스몰토크를 자연스럽게 시작할 수 있는 하나의 방법이랍니다.

3 What kind is he?

동물의 '종'이 뭐냐고 물어볼 때 kind라는 명사를 씁니다. 구어체에서는 breed라는 어려운 명사 대신에 이렇게 쉬운 단어로 말할 수 있어요. 가족의 개념이 되는 반려 동물은 it이라고 하지 않고 성별에 따라 he, she라고 부르는 것을 꼭 기억하세요.

4 a rest stop

고속도로에 있는 '휴게소'를 'a rest stop'이라고 해요.

5 help ~ get over

문법적으로 'help+목적어+(to) 동사원형'이라고 하면 '[목적어]가 ~하도록 도와주다'라는 말이에요. help는 다른 사역동사와 달리 to를 써도 되고, 안 써도 돼요. 구동사 get over는 '극복하다'라는 의미예요. 람보가 휴게소에 버려진 유기견이기 때문에 차를 탈 때의 트라우마를 극복할 수 있게 도와주고 있다는 내용이에요.

6 freak out

원어민이 정말 자주 쓰는 표현이에요. '패닉 상태가 되어서 당황하다, 긴장하다, 난리를 치다'라는 의미입니다. 예를 들어, 아이 둘이 장난치다가 화분을 깨뜨렸다고 칠게요. 이때 한 아이가 다른 아이에게 "Mom will freak out when she finds out we broke her vase!(우리가 화분을 깬 걸 아시면 엄마가 완전 난리가 나실 텐데!)"라고 할 수 있겠죠.

센스 있는 영어 플러스

공감을 표시하는 다양한 표현들

앞 대화에서는 앤이 고속도로에 버려진 람보에 대해 들었을 때 "How can anyone just leave their dogs behind?"라고 하면서 얼마나 본인이 그 감정에 공감하는지 표현하고 있어요. 이런 반응은 대화에서 아주 중요한 표현법이랍니다. 공감(sympathy and understanding)에 쓸 수 있는 문장 구조 몇 가지를 알아볼게요.

1 How+형용사!

- A: The factory had to close it down for 2 weeks.
  공장이 2주 동안 문을 닫아야 했어요.

  B: How unfortunate! 안타깝네요!

  How 뒤에는 어떤 감정을 공감하는지에 따라 다양한 형용사로 바꿔 쓸 수 있어요. 예를 들어, 정말 아름다운 것을 봤을 때는 "How beautiful!(정말 아름다워요!)"이라고 할 수 있죠.

2 Oh, that sounds awful/terrible.

- A: When we got to our hotel room, there was broken glass on the floor, the bathroom hadn't been cleaned and then we saw a rat running under the bed!
  우리가 호텔 방에 갔을 때 바닥에 깨진 유리가 있지 않나, 화장실 청소가 안 되어 있는데다가, 침대 밑에 다니는 쥐까지 봤지 뭐예요!

  B: Oh, that sounds awful! 으악, 너무 끔찍하네요!

  보통 "That sounds good/great."으로 많이 배웠을 거예요. 반대로 너무 안 좋은 상황에는 awful이나 terrible을 써서 상대방에게 공감해 줄 수 있어요.

3 I know how you feel.

○ A: I know that my ideas are good, but my boss just doesn't listen to me!
   난 내 생각이 좋다고 확신하는데, 내 상사가 말을 도통 들으려고 하질 않아!

B: I know how you feel. I had a boss like that a few years ago. 무슨 말인지 잘 알아. 나도 몇 년 전에 그런 상사가 있었거든.

"I know how you feel."은 말 그대로 "네가 어떻게 느끼는지 알아."라고 상대방의 감정에 공감해 주는 표현이에요.

4 That must be very+형용사.

○ A: I've been trying to talk with my boss to ask for a pay raise, but he keeps avoiding me.
   내 상사한테 연봉을 올려 달라고 말하려고 하는데, 자꾸 나를 피하네.

B: That must be very frustrating. 정말 짜증나겠다.

이 표현은 '~인 게 틀림없다'라고 확신을 표현하는 must be를 써서 '현재의 힘든 일에 공감해 줄 때' 쓸 수 있어요.

5 That must've been very+형용사.

○ A: Last year my mom stayed in hospital for almost 3 months.
   작년에 우리 엄마가 병원에 거의 3개월을 입원하셨어.

B: That must've been very hard for you and your family.
   너랑 가족들이 많이 힘들었겠다.

이 표현은 must be를 현재완료로 바꾸어 '과거에 있었던 힘든 일에 공감해 줄 때' 쓸 수 있어요.

알아 두면 좋아요

강아지 입양과 관련된 표현

앞 대화문의 강아지 셈마, 람보는 '구조견'이에요. 영어로 rescue dog이라고 부르죠. 이런 강아지를 '입양하다'라고 하는 표현은 adopt라고 해요. 연관된 단어로 foster(위탁하다)라는 말이 있는데, 입양되기 전까지 강아지를 맡아 주는 거예요. 강아지를 위탁해 주는 임시 주인을 foster parent(위탁부/모)라고 합니다.

동물 입양 센터에는 유기된 강아지를 입양하라는 포스터가 많이 보여요. 포스터에는 다음과 같은 문구를 볼 수 있답니다. "Adopt, don't shop!(강아지를 쇼핑하지 말고 입양하세요!)", "Change an Animal's Life. Help Animals in Need.(동물의 삶을 변화시켜 주세요. 도움이 필요한 동물을 도와주세요.)", "Dogs for Adoption(입양 가능한 반려견)"

미국 현지 문화

동물 구조 센터(Rescue Center)

앞 대화문에서 animal rescue center(동물 구조 센터)라는 단어가 나왔어요. 미국은 정말 넓고 많은 동물들이 서식하고 있기 때문에, 이런 동물 구조 센터가 미국 전역에 정말 많이 있어요.

제가 사는 버지니아에는 '매'과의 독수리 같은 동물이 참 많아요. 이런 새들이 사냥을 하다가 차에 치여서 다리나 날개를 다치는 경우가 많아요. 그래서 동네 도서관 같은 커뮤니티 시설에는 동물이 다친 걸 봤을 때 구조대에 연락하는 방법 등에 대해 교육하는 세미나가 있어요. 아이들에게도 동물 구조 방법에 대해 가르칩니다.

다시 유기견 주제로 돌아와서, rescue center에 들어온 강아지 중에 똑똑한 강아지들은 버려진 기억이 강하게 남아서 관련된 트라우마를 갖고 있는 게 공통점이라고 합니다. 앞의 대화문도 그런 간접적인 경험을 바탕으로 쓴 거예요. 그만큼 입양한 주인들의 노력이 많이 필요하죠.

Unit 19

회사 디너 파티에서의 대화

This is my first business dinner party.

회사 디너 파티에 처음 참가하는 클로이는 무척 긴장을 한 상태이다. 옆에 있던 회사의 시니어 토드가 긴장을 풀어 주려고 먼저 말을 건넨다.

Todd   Hi, my name is Todd. How are you?

Chloe   Hi, I'm Chloe. I'm pretty nervous. This is my first business dinner party.

Todd   Oh, don't worry, they're harmless. It's actually kind of nice. They do these to make up for all the hard work they make us do.

Chloe   Yeah, I was hired about 3 months ago and it's been intense. How long have you been with this company?

Todd   Hmm… this December will be my sixth year. Time flies. You'll be a senior in no time.

Chloe   That's very kind of you. Is this an open bar? I think I need a drink to calm down.

Todd   Haha yes, but pace yourself. We've got a long night ahead of us.

Chloe   Got it. I really appreciate your advice!

해석

Todd 안녕하세요, 전 토드라고 해요. 괜찮아요?

Chloe 안녕하세요, 전 클로이라고 합니다. 좀 긴장돼요. 회사 디너 파티는 처음이거든요.

Todd 아, 걱정 말아요, 아무 일 없을 거예요. 회사에서 우리를 엄청 고생 시키고 그에 대해 보상해 주는 거니까 사실 괜찮은 편이에요.

Chloe 네, 전 3개월쯤 전에 고용돼서 꽤 힘들었어요. 이 회사에서 일한 지 얼마나 되셨어요?

Todd 음… 올해 12월이면 6년째네요. 시간이 진짜 빨리 가요. 클로이 씨도 금방 시니어가 될 거예요.

Chloe 좋은 말씀 감사해요. 여기는 오픈 바인가요? 긴장을 좀 풀려면 한잔해야 할 것 같아요.

Todd 하하, 그래요, 그래도 페이스 조절 잘해요. 파티를 꽤 늦게까지 할 테니까.

Chloe 알겠습니다. 조언해 주셔서 정말 감사합니다!

오늘의 표현

1 They're harmless.
2 make up for
3 intense
4 How long have you been with this company?
5 Time flies.
6 open bar
7 Pace yourself.

오늘의 표현 뜯어보기

1 They're harmless.

harm은 '악의', '피해'라는 뜻인데, '~가 없는'이라는 접미사 -less를 붙여주면 '악의가 없는', '해가 될 게 없는'이라는 뜻이 되죠. 여기서는 '전혀 걱정할 게 없는'이라는 의미로 의역됩니다. 토드가 클로이의 긴장을 풀어주려고 하는 말이에요.

2 make up for

'make up for'는 '보상하다', '(다른 것으로) 만회하다'라는 의미의 구동사예요. 활용 빈도수가 아주 높은 표현이에요. 이 대화문에서는 직원들의 노고에 '보상하다'라는 의미로 썼어요. '만회하다'라는 의미로 쓰인 예문도 한번 볼게요.

- **It was a mistake I've been trying to make up for.**
  그 실수에 대해서 만회하려고 노력해 오고 있어.

3 intense

이 단어는 extreme과 동의어로 볼 수 있어요. '극심한', '치열한'이라는 의미죠. 비속어로 '빡세다'라고 표현할 때 딱 맞는 표현이에요. 참고로 intense를 사람의 성격으로 묘사할 때는 '급하고, 에너지가 많고, 열정적이고, 직설적인' 성격에 씁니다.

4　How long have you been with this company?

'How long+현재완료?' 구조는 과거의 한 시점부터 지금 현재까지 얼마나 오래 지속하고 있는지를 묻는 표현이에요. "How long have you been with this company?" 하면 "이 회사에 있은 지(일한 지) 얼마나 되었나요?"라는 말이죠. 초면인 상대와 말문을 트기에 아주 유용한 질문이에요.

5　Time flies.

직역하면 "시간이 날아가네요."라는 뜻으로, "시간이 참 빠르네요."라는 의미의 관용적 표현이에요. 라틴어로는 "Tempus fugit."라고 하는데, 여기저기서 많이 볼 수 있으니 알아 두면 좋아요.

6　open bar

미국의 결혼식이나 리셉션 등에 가면 '술이 공짜로 제공되는 바'가 있어요. 이 공간을 open bar라고 해요. 아무래도 공짜 술이다 보니 과음하게 되는 경향이 있어서 조심해야 해요. 참고로 술은 공짜지만 한 잔을 받을 때마다 바텐더에게 팁을 줘야 한답니다.

7　Pace yourself.

pace는 '속도를 유지하다'라는 말이죠. 우리말의 "페이스(속도) 조절 잘하세요."라는 말은 영어로 "Pace yourself."라고 해요. 여기서는 술을 너무 급하게 마시지 말고 천천히 속도를 조절하라는 뜻으로 쓰였어요.

센스 있는 영어 플러스

비즈니스 파티 후 감사 메시지 쓰기

미국에서는 회사나 비즈니스 상황에서 디너 파티, 댄스 파티, 축하 연회(reception), 경축 행사(gala), 자선 행사(fundraising) 등 다양한 격식 있는 행사가 있습니다. 참석 후 가장 중요한 에티켓이 바로 행사를 주최한 곳에 감사 인사를 전하는 것입니다. 캐주얼한 상황이라면 홈 파티(home party)나 생일 파티(birthday party)에 참석한 후에 '초대해 줘서 고마웠다', '덕분에 좋은 시간을 보냈다'라는 간단한 메시지를 보내는 거예요. 행사에 초대를 받았다면 참석 후 2주 안에는 이 Thank you note를 보내야 에티켓입니다. 한국에서는 생소할 수 있는 'formal한 행사 이후의 감사 메시지' 예시를 알아보겠습니다.

1 회사 내부에서 진행된 오피스 파티, 회식 이후

Dear Mr. Smith,

I just wanted to thank you again for the special dinner at your office last evening. I appreciate your attention to every detail and the efforts you put into everything you do. Please know I will remember this special night for a long time to come.

Sincerely yours,

Sophia Kim

스미스 씨께,

지난 저녁에 귀하의 사무실에서 있었던 특별한 저녁 식사에 다시 한번 감사의 말씀을 드리고 싶습니다. 자세한 것까지 하나하나 신경 써 주시고, 많은 노고를 해 주신 것에 감사합니다. 이 특별한 밤을 아주 오랫동안 마음속에 기억하겠습니다.

소피아 김 드림

2 Mrs. Cohen이 주최한 연말 행사 이후

Dear Mrs. Cohen,

The Holiday Gala was simply spectacular. It was as if we were dancing through a sparkling winter wonderland. Thank you for including me in your elegant affair. I wish you my heartfelt congratulations on the success of this event. I offer my sincere appreciation to you for inviting me as your guest.

Most sincerely,

Sophia Kim

코헨 여사님,

홀리데이 갈라는 정말 눈부셨습니다. 반짝이는 겨울 원더랜드에서 춤추는 것 같았어요. 이 우아한 행사에 저를 생각해 주신 것에 정말 감사의 말씀을 드려요. 이 행사를 성공적으로 치르신 것에 대해 진심으로 축하의 말씀을 전합니다. 게스트로 저를 초대해 주신 것에 대해 깊은 감사를 드립니다.

소피아 김 드림

여기서 꿀팁

appreciate으로 감사 인사하기

'감사하다', '고마워하다'라는 뜻의 동사 thank와 appreciate은 같은 의미이지만 사용에 주의해야 해요. thank는 "Thank+사람+(for+동/명사)."로 누구에게 무엇에 대해 고마운지를 말하거나, 단순히 "Thanks."라고 한 단어로도 문장을 끝낼 수 있어요. 그런데 appreciate은 타동사이기 때문에 반드시 뒤에 대명사나 명사를 써서 무엇에 감사한지를 말해 줘야 해요. "I appreciate."은 틀린 표현이고, 이럴 때는 "I appreciate it."까지 대명사를 추가해 줘야 한다는 것을 꼭 기억해야 합니다. 흔하게 쓰이는 appreciate을 사용한 예문을 확인해 보세요.

- **I really appreciate it.**
  정말로 감사드립니다.

- **I appreciate you.**
  당신께 감사드려요.

- **I appreciate your help.**
  도와주셔서 감사합니다.

- **I appreciate your time.**
  시간을 내 주셔서 감사합니다.

- **I appreciate your advice.**
  조언해 주셔서 감사합니다.

- **I really appreciate your suggestions.**
  제안해 주셔서 정말로 감사드려요.

알아 두면 좋아요

단순한 감사를 넘어 진심으로 감사하다고 할 때

살다 보면 단순히 "감사합니다."라는 말이 부족할 정도로 고마운 때가 생기죠? 이렇게 deeper appreciation(깊은/진심 어린 감사) 표현을 몇 가지 알아 두면 세련된 영어를 구사하는 데에 도움이 됩니다. 특별한 감사 표현 예문을 알아보겠습니다.

- **I don't even have the words to thank you.**
  어떻게 감사를 표현할 말이 없어요.

- **I appreciate this more than you'll ever know.**
  (당신이) 상상할 수 있는 것보다 더 감사드려요.

- **Thank you from the bottom of my heart.**
  제 마음속 깊은 곳에서 감사를 드립니다.

- **I'm eternally grateful.** 정말 깊게 감사드립니다.

- **I can't thank you enough.**
  아주 많이 감사합니다.(어떻게 해도 충분히 감사드릴 수 없어요.)

- **I'll never forget your kindness.**
  친절함을 영원히 잊지 않겠습니다.

- **I don't think I can ever repay you.**
  어떻게 다 갚아야 할지 모르겠어요.

- **You have my deepest thanks.** 정말 깊게 감사드립니다.
  = You have my deepest gratitude.

- **You have my most sincere appreciation.**
  가장 진실된 감사를 드립니다.

Unit 20

처음 만난 학부모 간의 대화

Teachers are so undervalued.

아이 셋의 엄마인 엠마. 새 학기 직전에 열린 Back to School Night에 참여했다. 선생님들의 소개가 끝나고 나서 매트라는 학부모와 처음 만나 대화를 시작한다.

Emma   Have you met the new English teacher yet? She seems so strict.

Matt   Yeah, she even scared me a little. Like, she's going to grade me on parenting.

Emma   She definitely had a Catholic school nun vibe. Traumatic.

Matt   It's going to be tough to fill Mr. Edison's shoes. He was a legend here.

Emma   All my older kids loved him. He could even get my oldest to behave for one period every day.

Matt   Teachers are so undervalued.

Emma   Absolutely agree.

Matt   Well, let's introduce ourselves to some new people.

해석

Emma 새로 온 영어 선생님 만나 보셨어요? 엄청 엄격해 보이세요.

Matt 네, 저도 좀 겁먹었어요. 마치, 제 육아에도 점수를 매길 것 같아요.

Emma 확실히 가톨릭 학교 수녀 선생님 같은 느낌이 있어요. 저는 트라우마가 있거든요.

Matt 에디슨 선생님의 빈자리를 채우기는 힘들 거예요. 여기서 전설의 선생님이었으니까요.

Emma 제 다른 아이들도 그 선생님을 정말 좋아했어요. 심지어 우리 큰애마저도 매일 한 교시 정도는 얌전하게 만드는 능력이 있으셨다니까요.

Matt 선생님들의 수고가 정말 저평가되는 것 같아요.

Emma 완전히 동의해요.

Matt 그럼, 다른 새로운 분들에게 우리 소개를 하러 가시죠.

오늘의 표현

1. Have you met ~ yet?
2. grade A on -ing
3. vibe
4. fill one's shoes
5. get A to ~
6. Absolutely agree.

오늘의 표현 뜯어보기

1 Have you met ~ yet?

"~를 만나 봤어요?"라는 뜻으로, 대화의 물꼬를 틀 때 활용도가 높은 표현이에요. 직장이나 학교의 첫날, 또는 다른 일상 대화에서도 아주 자주 쓸 수 있어요. 뒤에 부사 yet을 쓰면, '벌써'라는 어감이 추가됩니다.

2 grade A on -ing

'어떤 과목에 대해 A의 점수를 매기다'라고 말할 때, 'grade (A) on+과목'이라는 표현을 씁니다. 어떤 행동에 대해 점수를 매긴다고 할 때는 과목 대신 동명사를 붙여 줘요. 이 대화문에서는 '내 양육에 점수를 매긴다'라는 표현으로 'grade me on parenting'이라고 했습니다.

3 vibe

vibe라는 단어는 우리말의 '느낌적인 느낌'과 어감이 비슷합니다. 최근에는 '바이브'라는 말을 그대로 쓰기도 하죠. 육감적으로, 혹은 직관적으로 받는 느낌을 묘사할 때 이 명사를 활용할 수 있습니다. 원어민들이 정말 자주 쓰는 단어예요.

4 fill one's shoes

'fill one's shoes'는 재미있는 이디엄이에요. 직역하면 '~의 신발을 채우다'라는 말로, '누군가가 했던 역할을 대신 해내다'라는 의미가 있습니다. 이때 '대체하다'라는 뜻의 replace를 쓰면 어색하고 이상한 표현이 돼요. 같은 의미로 'fill in for somebody', 'take one's place'라는 표현도 있습니다. 문맥과 상황에 따라서 다양한 표현을 골라서 사용해 보세요.

5 get A to ~

사역동사 get의 올바른 문법을 짚어 보겠습니다. get은 억지로 시키는 것이 아니라 '자발적으로' 행동할 수 있게 설득하거나 요구하는 느낌입니다. make, have와는 다르게 대상 뒤에 'to+동사원형'이 옵니다. get 대신 help로 대체할 수도 있어요. "Mr. Edison helped my oldest to behave for a period every day."처럼요.

6 Absolutely agree.

상대방의 말에 완전히, 100% 공감한다는 걸 표현하는 '맞장구' 표현입니다. 다른 비슷한 표현으로 "Definitely."가 있어요.

센스 있는 영어 플러스

스몰토크에서 대화를 마무리하는 방법

1 내용을 마무리하면서 다른 주제로 전환하기

대화를 하다가 너무 깊은 주제로 가지 않기 위해, 또는 다른 주변 사람들과 어울리기 위해 주제를 환기시키는 경우, 어색한 침묵이 흐르게 하지 않고 노련하게 말을 돌리는 것이 필요해요. 앞 대화문에서는 "Let's introduce ourselves to some new people."이라는 문장을 썼어요. 다른 예문을 보시죠.

- **I don't know anyone here. Can you introduce me to anybody?**
  저는 여기에 아는 사람이 없어요. 소개해 줄 수 있어요? - 상대방이 아는 지인들이 있는 경우

- **Let's go around and meet some people.**
  이제 다니면서 다른 사람들을 만나 보죠. - 함께 다른 사람들을 만나고 싶은 경우

참고로, 상대방과 동행하지 않고 혼자 다른 사람들을 만나고 싶은 경우에는 이렇게 말하면 돼요.

- **Well, I'm going to circulate around the crowd.**
  그럼, 저는 여기저기 좀 돌아다녀야겠어요.

2 자리를 떠나면서 세련되게 대화 끝내기

대화를 마무리하자는 시그널을 세련되게 보내는 표현을 보겠습니다. 대화해서 즐거웠다는 표현을 해 주는 거죠.

- **It's been interesting talking to you.** 얘기해서 아주 재밌었어요.

- **I'm going to stop before I bore you.**

  제가 더 이야기하다가는 지루해지겠어요.

- **I shouldn't take up any more of your time.**

  제가 더 이상 시간을 뺏으면 안 되겠어요.

다음을 기약하면서 대화를 마무리할 수도 있습니다.

- **That must have been so exciting for you. I'd love to hear about it when we have another chance to talk.**

  정말 신나셨겠어요. 다음에 대화할 기회가 생기면 얘기를 더 듣고 싶네요.

- **Do you have a card? I'd like to get in touch with you another time.**

  명함 있으세요? 나중에 연락하고 지내고 싶어요.

3 확실하게 대화 마무리하기

정말로 대화를 끝내야 하는 상황에서는 여지를 남기지 않되, 예의 바르게 다음과 같이 말할 수 있어요.

- **See you later. Thanks for telling me about ~.**

  다음에 봐요. ~에 대해 얘기해 줘서 고마워요.

- **I'll let you go now.** 이제 보내 드려야겠네요.

- **I have to go now.** 저는 이제 가 봐야겠어요.

여기서 꿀팁

상대방에게 100% 동의하는 표현

앞 대화문에서 "Absolutely agree."라는 문장으로 상대방의 말에 완벽히 동의한다는 걸 표현하고 있죠. 추가로 "Definitely."를 많이 쓴다는 것도 알려 드렸어요. 상대방의 이야기에 100% 동의한다는 또 다른 표현들을 대화문과 함께 알아보겠습니다.

1 That's so true.

- A: Silvia worked the hardest so she should've been given the opportunity instead of Maria.
  실비아가 정말 열심히 일했으니까 마리아 대신 기회를 더 받았어야 했어요.

  B: That's so true.
  정말 맞는 말이에요.

2 Exactly.

- A: And if we reduce costs, we'll be able to save jobs.
  그리고 우리가 비용을 줄이면 일자리들을 지킬 수 있어요.

  B: Exactly.
  맞는 말이에요.

3 I know.

- A: He never stops talking about himself.
  그는 자기 자신에 대해 끊임없이 말해.

  B: I know.
  내 말이.

4 Of course.

○ **A: I think if the waiter is friendly, polite and does a good job, he should get a good tip.**
웨이터가 친절하고 예의 바르고 일을 잘하면 팁을 많이 받아야 한다고 생각해.

B: Of course.
당연하지.

미국 현지 문화

Back to School Night이란?

미국에서는 '9월 초 새 학기 시작 직전에 학교에서 학부모들을 초대하는 행사'가 있습니다. Back to School Night이라고 부르는데, 선생님과 학교의 교과 과정을 소개하고, 아이들이 생활하게 될 교실 시스템 등을 직접 보고 듣는 시간을 가집니다. 부모들이 1년 동안 아이들에게 희망하는 사항을 편지로 적기도 해요. 이렇게 선생님의 프레젠테이션이 끝나면, 교실을 나가기 전에 비상 연락망(parents' directory) 적기, 반 담당 학부모 지원하기, 아이들 하교 시 픽업, 방과 후 케어 등의 정보를 교환하는 시간이 있습니다. 혹시 자녀들의 미국 조기 유학이나 이민 생활을 준비하는 분이라면 꼭 아셔야 하는 절차예요. Back to School Season은 학교와 관련된 다양한 업종의 매상을 크게 올릴 수 있는 시기예요. 서점, Wal-Mart, Target, Staples(문구점), Amazon 등에서 많은 세일을 하는 때이기도 해요.

Chapter 2

지인과의 스몰토크

Unit 21

디저트에 관한 대화

Where can we get good desserts?

엠마와 친구 매트가 뉴욕 맨해튼 다운타운에서 함께 저녁 식사를 한 후 디저트에 대해 이야기를 나누는 중이다.

Emma I'm craving something sweet. Where can we get good desserts?

Matt What are you craving—something like pastry or like ice cream?

Emma Yum, I love gelato but it's kind of cold out. I could go for a coffee with some cheesecake maybe.

Matt You can have caffeine at night? I can't even have tiramisu after dinner because it'll keep me up.

Emma Omg, now I want espresso with macarons. I need to look up places on Yelp now.

Matt Ugh, I have a toothache just talking about all these sweets. Give me carrot cake anyway.

Emma Just because it's made with carrots doesn't make it any healthier than a regular cake.

Matt Yeah, the cream cheese frosting alone is probably 1000 calories.

Emma The diet starts tomorrow! Let's go!

해석

Emma 단 게 당긴다. 어디에 가면 맛있는 디저트를 먹을 수 있지?

Matt 페이스트리(케이크) 같은 게 당기는 거야, 아니면 아이스크림 같은 게 당기는 거야?

Emma 음, 난 젤라또를 엄청 좋아하는데 밖이 좀 추우니까. 커피에 치즈케이크를 먹을 수도 있고.

Matt 밤에 카페인을 먹어도 돼? 난 잠을 못 잘까 봐 저녁 식사 후에 티라미수도 못 먹어.

Emma 세상에, 이제 마카롱에 에스프레소가 먹고 싶다. Yelp에서 바로 디저트 카페를 찾아봐야겠어.

Matt 으, 단 거 얘기만 했는데도 치통이 생겨. 그래도 당근 케이크는 먹을래.

Emma 당근이 들어갔다고 해서 보통 케이크보다 몸에 좋은 건 아니야.

Matt 맞아, 위에 얹은 크림 치즈만 해도 아마 1000칼로리는 될 거야.

Emma 다이어트는 내일부터야! 가자!

오늘의 표현

1 I'm craving something sweet.
2 Where can we ~?
3 I could go for a coffee with some cheesecake maybe.
4 gelato, caffeine, tiramisu, macarons
5 anyway
6 frosting

오늘의 표현 뜯어보기

1 I'm craving something sweet.

어떤 것이 '당긴다', '갑자기 너무 먹고 싶다'라고 표현할 때 구어체로 동사 crave를 씁니다. 보통은 "나 ~이 당겨."라고 현재의 상태를 말하는 경우가 많기 때문에 동명사 craving을 써서 "I'm craving ~."이라고 많이 써요. 여기서 'something sweet'은 '단 (어떤) 것'이라는 의미예요.

2 Where can we ~?

스몰토크를 할 때 상대방에게 "어디에 가면 좋은 음식점이 있어요?", "좋은 박물관이 어디에 있나요?", "좋은 아이스크림 가게가 어디에 있어요?", "근처에 잘하는 미용실이 있나요?", "맛있는 이탈리아 음식점이 어디에 있어요?" 등의 질문으로 대화의 물꼬를 틀 수가 있지요. 그럴 때 쓰면 좋은 문장 패턴이 "Where can we ~?"예요. 그 뒤에는 어떤 동사든지 쓸 수 있어요.

3 I could go for a coffee with some cheesecake maybe.

여기서 조동사 could는 과거의 능력을 말하는 게 아니라 '~할 수도 있다'라는 '제안이나 가능성'을 의미합니다. 문장 뒤에 maybe까지 추가하면 훨씬 구어체적인 표현이 되죠. 그래서 위의 문장을 원어민 어감에 가장 가깝게 번역하면 "커피에 치즈케이크도 좀 같이 먹을 수도 있고, 뭐…" 정도의 느낌이에요. 여러분도 could를 이런 어감으로 연습해 보세요.

4 gelato, caffeine, tiramisu, macarons

이 단어들은 우리말로 쓸 때 철자 그대로 쓰기 때문에 실제 영어식으로 발음할 때는 많이 어려워하는 것들이에요. gelato는 [젤라또]가 아니라 [젤라로(강세는 두 번째 음절)], caffeine은 [카페인]이 아니라 [캬핀(강세는 두 번째 음절)]이라고 해요. tiramisu는 발음은 [티라미수]인데, 강세가 세 번째 음절에 있다는 것이 중요해요. macaron도 발음은 [마카론]이지만 강세가 끝에 있다는 것을 알아둬야 해요. 원어민과 소통할 때 어려움이 생기지 않도록 발음을 많이 연습해야 해요.

5 anyway

anyway라는 부사는 '그래도', '그래도 어쨌건', '어차피' 등의 의미로, 문장 앞, 문장 중간, 문장 뒤에서 모두 쓰일 수 있어요.

- **I'm stuck here over the weekend anyway... with nothing much to do.**
  어차피 이번 주말에는 (다른 데 못 가고) 여기에 꼼짝 없이 있어야 해… 할 것도 별로 없고.

6 frosting

'케이크나 쿠키 위에 얹는 장식 토핑'을 frosting이라고 합니다. icing이라고도 하고, 대부분 설탕으로 만들어져서 몸에는 좋지 않지만 베이커리에서 시각적으로 매우 중요한 부분이에요. 부드럽게도, 딱딱하게도 만들어 입힐 수 있어요.

센스 있는 영어 플러스

음식을 주제로 대화 시작하기(Food Conversation Starter)

앞의 대화문에서 "I'm craving something sweet. Where can we get good desserts?"라는 표현으로 스몰토크를 시작했어요. Desserts(디저트), Baking(베이킹), Cooking(요리)을 포함한 Food(음식) 관련 주제는 가장 선호도가 높은 스몰토크 주제입니다. 흔히 떠올릴 수 있는 질문들 외에 식상하지 않은, 조금은 특이한 질문들을 소개해 보겠습니다.

- **If you are living abroad, what is the food that you miss most from home?**
  해외에 살게 되면, 집에서 먹던 것 중 어떤 음식이 제일 먹고 싶어져요?

- **If you were invited to a fancy dinner with the president or a celebrity, what would you do to prepare?**
  만약 대통령이나 유명인과 함께 멋진 저녁 식사에 초대 받는다면, 어떤 걸 준비할 것 같아요?

- **What's your favorite drink in the summer?**
  여름에 제일 좋아하는 음료가 뭐예요?

- **What's your favorite junk food?**
  정크 푸드 중에 제일 좋아하는 게 뭐예요?

- **What food can you cook the best?**
  어떤 요리에 제일 자신 있어요?

- **What foods have you tasted which you will never forget for the rest of your life?**
  먹어 본 음식 중에 평생 잊을 수 없는 맛이었던 건 뭐예요?

○ **What kind of food do you like to eat when you are angry?**
화가 날 때 어떤 음식을 먹나요?

○ **Are there any foods that bring back special memories for you?**
특별한 추억을 불러일으키는 음식이 있나요?

○ **Are you concerned about your daily calorie intake when choosing something to eat?**
먹을 것을 고를 때 하루 칼로리 섭취에 신경 쓰나요?

○ **Do you know someone who struggles with an eating disorder?**
식이 장애로 고생하는 사람을 혹시 알고 있나요?

○ **Do you read the nutritional information on the foods you buy?**
구입하는 음식의 영양 정보를 읽나요?

○ **Do you believe that "we are what we eat?"**
"먹는 것이 곧 그 사람이다.(먹는 음식에 따라 건강이 결정된다.)"라는 말을 믿나요?

○ **Does your family have any special recipes that are passed down from generation to generation?**
혹시 대대로 전해 내려오는 당신 가족만의 특별한 레시피가 있나요?

○ **What's your favorite kind of ethnic food?**
에스닉 푸드 중에 뭘 제일 좋아해요?

참고로, 미국 사람들이 생각하는 '에스닉 푸드'는 인도, 한국, 그리스, 태국, 아프리카 음식 등 다른 나라의 전통 음식을 의미해요.

알아 두면 좋아요

각종 분야의 유용한 미국 사이트&앱

Craigslist

우리나라로 치면 '중고나라' 정도의 사이트예요. 가구, 자동차, 구인 구직 등 없는 게 없는 사이트입니다. 미국은 워낙 큰 나라이기 때문에 상세한 위치 설정을 잘 해야 해요.

Indeed

이 사이트는 미국에서 직장을 찾거나, 구인 광고를 낼 때 필수입니다. 사업체 대표라면 수수료를 지불하고 질 좋은 구인 광고를 낼 수 있어요.

LinkedIn

이 사이트도 Indeed와 비슷한 구인 구직 사이트예요. 그런데 Indeed에는 다양한 직업군이 있는 반면, LinkedIn은 전문직 직업군에 주로 사용됩니다. 미국에서 전문직에 종사하려면 이 사이트를 보는 것이 필수입니다.

Yelp

앞에서도 나온 적 있지만, 맛집이나 멋진 카페를 찾을 때 가장 흔하게 사용되는 앱이에요. 여기서 평점과 리뷰들을 확인할 수 있어요. 이제는 보통 명사처럼 흔하게 됐죠. 음식점뿐 아니라 주유소 등 주변 상점의 정보도 알 수 있답니다. 미국 생활에서 아주 유용한 앱이에요.

Meetup

취미가 비슷한 사람들끼리 친분을 맺고 모임을 갖는 사이트입니다. 공부, 스포츠, 각종 취미, 세미나 등 공통점을 가진 사람들끼리 모임을 갖거나 유용한 정보를 교환할 수 있어요.

미국 현지 문화

미국의 유명한 디저트 맛집

미국에서 유명한 디저트 맛집 이름을 몇 가지 알려 드릴게요. Martha's, Magnolia, Van Leeuwen, Levain, Buttercup, French Workshop 등이 있어요. 그중 '섹스 앤 더 시티'라는 미국 드라마를 통해 유명해진 디저트 가게가 있는데, 바로 'Magnolia Bakery'입니다. 작은 컵케이크로 아주 유명하고, 인기 메뉴는 치즈 아이싱이 올라간 '레드 벨벳(Red Velvet)'과 바닐라 쿠키, 커스터드 크림이 어우러진 '바나나 푸딩(Banana Pudding)'입니다. 이 베이커리는 전 세계 컵케이크 가게의 영감이 되었다고 하죠. 저는 십수 년 전에 처음 먹어 봤는데, 정말 달고 꾸덕하면서 깊은 맛이 났던 걸로 기억해요. 달콤한 디저트 마니아들에게 추천합니다.

Unit 22

집들이에서의 대화

You've transformed it into a sanctuary.

톰은 최근에 이사하고 집들이를 열었다. 클로이가 톰의 집에 초대를 받았다.

Tom	Hey, I'm so glad you could make it! **Welcome to my humble abode.**
Chloe	**Wowwww, this place is gorgeous!**
Tom	Thank you, it took forever to fix it up, but I'm very happy with the results. I'm never moving again.
Chloe	The flow is perfect. Are you using that space by the window as your home office?
Tom	Yeah, my ergonomic chair took 2 months for delivery! But I love my little nook, **I feel very productive there.**
Chloe	It's so important to feel at home in your own home. And this bathroom is so cute!
Tom	I only made **cosmetic** changes here—fresh coat of paint and a waterfall showerhead.
Chloe	**I'm speechless.** This place was an absolute dump when you bought it and you've transformed it into a **sanctuary**. Maybe this could be your new career.
Tom	No! It took so much of my time and wallet. And I loved my contractor, but I never want to see him again.

해석

Tom 안녕, 와 줘서 너무 좋네! 내 누추한 집에 온 걸 환영해.

Chloe 와아, 집이 정말 멋지다!

Tom 고마워, 고치느라 한참 걸렸지만, 그래도 결과적으로 아주 만족해. 다신 이사 안 갈 거야.

Chloe 공간 흐름이 완벽하다. 저기 창문 쪽 공간을 사무 공간으로 쓰는 거야?

Tom 응, 이 인체 공학 의자가 배달되는 데 2달이나 걸렸어! 그래도 그 작은 공간이 정말 좋아, 거기서 일하면 능률이 아주 좋거든.

Chloe 집 안에서 편하게 느끼는 건 정말 중요하지. 이 화장실도 너무 예쁘다!

Tom 여기는 페인트를 새로 칠하고, 폭포수처럼 떨어지는 샤워 꼭지를 바꾸는 표면적인 변화만 줬어.

Chloe 말이 안 나올 정도야. 이 집을 처음에 샀을 때는 정말 엉망이었는데, 네가 완벽하게 멋진 집으로 탈바꿈시켰어. 새 직업으로 삼아도 되겠어.

Tom 아니야! 시간과 돈이 너무 많이 들었어. 공사 업체가 훌륭하긴 했는데, 다시는 보고 싶지 않아.

*nook 공간, 곳

오늘의 표현

1. Welcome to my humble abode.
2. Wowwww, this place is gorgeous!
3. I feel very productive there.
4. cosmetic
5. I'm speechless.
6. sanctuary

오늘의 표현 뜯어보기

1 Welcome to my humble abode.

'my humble abode'는 '누추한 처소/집'이라는 의미로, 손님이 왔을 때 집을 겸손하게 낮추어 표현하는 말이에요. "Welcome to my humble abode."는 제인 오스틴의 〈오만과 편견〉이라는 소설에서 처음 유래되었답니다. 익숙한 표현으로 말하자면 "Welcome to my home."과 같죠. 하지만 humble abode를 쓰면 더 위트 있는 표현으로 들려요.

2 Wowwww, this place is gorgeous!

대화에서 중요한 부분 중에 하나가 바로 적당하게 reaction을 해 주는 거죠. "Wowwww!" 이런 식으로 철자를 중복해서 쓰면 매우 강조하면서 과장되게 말하는 표현이라고 생각하면 됩니다. 이 문장에서는 특히 gorgeous에 힘을 주어 발음해 보세요. 상대방에게 집이 얼마나 멋진지 한껏 칭찬하는 어감을 줄 수 있습니다.

3 I feel very productive there.

이 표현은 우리말로 "거기서 일하면 일 능률이 아주 좋게 느껴져."라는 말과 같아요. 형용사 productive는 '생산적인', '생산성이 높은'이라는 뜻인데, 의역해서 '능률이 좋은'이라는 의미로도 쓰인답니다. 명사는 productivity(생산성)예요. 원어민들이 정말 자주 쓰는 형용사니까 꼭 알아 두세요.

4 cosmetic

cosmetic은 원어민들은 많이 쓰는데 한국 사람들이 잘 생각해내지 못하는 형용사예요. 화장품을 cosmetics라고 하기 때문에 그 의미로만 이해하는 경우가 많죠. 그런데 원어민들은 cosmetic이라는 형용사를 건축, 인테리어 등과 관련해서 정말 많이 씁니다. 건물 안의 구조물이 아니라, '겉으로 보이는' 곳을 이야기할 때 쓰는 단어예요.

5 I'm speechless.

"I'm speechless."는 앞에서 언급한 '적당한 reaction'으로 활용도가 매우 높은 문장입니다. "할 말을 잃었어."라는 뜻인데, 이 대화문에서는 "너무 멋져서 말이 안 나와."라는 긍정적 반응으로 쓰였죠. 이 표현은 긍정, 부정 모든 의미로 사용할 수 있어요.

6 sanctuary

사전에서 sanctuary라는 단어를 검색하면 '성역', '성전', '안식처', '신성한 곳'이라고 나와요. 사전적 의미로만 외우면 사용할 일이 없어 보이지만, 실제 대화를 통해 배우면 의외로 유용한 단어예요. 구어체로 '완벽하게 멋진 집', '훌륭한 안식처'라는 의미를 나타낼 수 있어요. 상대방의 집을 칭찬하는 센스 있는 표현이랍니다.

센스 있는 영어 플러스

다른 사람의 칭찬에 대해 센스 있게 대답하기

미국에서는 지나가던 사람과도 인사를 하고 스몰토크를 한다고 했어요. 스몰토크를 시작할 때 가장 좋은 방법은 다른 사람의 행동, 외모, 소유물 등을 칭찬하는 것이죠. 예를 들어, "신발이 정말 멋지네요. 어디서 샀어요?"나 "머리 스타일이 정말 멋져요." 등 간단한 칭찬들을 하면 돼요.

반대로 칭찬을 들었을 때는 어떻게 반응해야 할까요? 제 학생들 중에서는 너무 겸손한 나머지 "이게 뭐라고요."나 "별거 아니에요." 등으로 자신을 낮춰서 대답하는 경우를 많이 봤어요. 영어로 downplay라고 하는데, 물론 이 표현이 틀린 것은 아니지만 스몰토크를 할 때 너무 겸손할 필요는 없습니다. 다른 사람이 나에게 칭찬을 했을 때 가장 간단하면서 좋은 대답은 "Thank you."입니다. 별거 아닌 것 같지만, 너무 겸손한 표현보다 훨씬 나은 대답이랍니다. 비슷한 의미로 칭찬에 대한 대답 몇 가지를 보시죠.

- **I'm glad you like it.**
  네가 좋다니 기쁘다.

- **I appreciate you saying that.**
  그렇게 말해 주셔서 감사합니다.

- **That's very kind of you.**
  마음 써 주셔서 고마워요. / 그렇게 말해 줘서 고마워요.

이 문장들의 공통점은 '긍정적인 표현'을 사용한다는 것입니다. "It's a cheap one.(이거 싼 거예요.)", "Oh, it's really nothing.(아, 정말 아무것도 아니에요.)" 또는 "Oh, it's no big deal.(아, 별거 아니에요.)"과 같이 부정적인 뉘앙스의 표현은 아무리 좋은 뜻으로 말해도 세련되게 느껴지지 않아요. 짧은 대화문으로 실전 영어에서 어떻게 쓰는지 더 자세히 보도록 하죠.

- **A: You look smart in that nice shirt.**
  그 멋진 셔츠를 입으니 더 깔끔해 보이는 걸.

  B: Oh, thank you. I just got it yesterday.
  아, 고마워. 바로 어제 산 거야.

- **A: Those shoes are so cute.**
  그 신발 너무 귀엽다.

  B: Thank you, my sister bought it for me.
  고마워, 우리 언니가 사 준 거야.

- **A: I love your new hairstyle.**
  새로운 머리 스타일 정말 멋진데요.

  B: I appreciate you saying that. The stylist is amazing.
  그렇게 말해 줘서 고마워요. 미용사가 대단했어요.

- **A: You've got a wonderful jacket.**
  멋진 재킷을 입었네요.

  B: Thanks, that's kind of you.
  그렇게 말해 주다니 고마워요.

감사 표현과 함께 구체적으로 한 문장 거들어 주면 아주 센스 있는 대답이 된답니다.

여기서 꿀팁

집에 초대 받았을 때 칭찬하는 말

지인의 집에 초대 받았을 때, 집의 인테리어나 조경 등을 칭찬하는 표현을 미리 준비해 두면 좋아요. 원어민들은 보통 "You have a beautiful home.(아름다운 집이네요.)"이나 "You have a lovely home.(집이 사랑스러워요.)" 등을 흔하게 쓰고, 좀 더 구체적인 물건을 칭찬할 때는 "I like your carpet.(카펫이 마음에 드네요.)", "I love this table.(이 테이블 정말 마음에 드는데요.)" 등을 씁니다.

그런데 자주 만나는 사이에서 같은 칭찬을 반복해서 쓰면, 진심이 담겨 있지 않은 '그냥 하는 말'로 들릴 가능성이 높아요. 그럴 때는 "Your apartment always looks so great.(네 아파트는 언제 봐도 정말 멋지다.)"나 "I wish my place looked like this.(우리 집도 이랬으면 좋겠어.)" 같은 표현을 추천합니다. 상황에 맞게 적절히 사용해 보세요.

알아 두면 좋아요

원어민들이 자주 쓰는 'breakfast nook'

앞의 대화문에서 nook(작은 구석진 공간)라는 단어가 나왔어요. 한국 사람에게는 단어가 어려워서라기보다는 익숙하지 않아서 잘 쓰이지 않는 표현이에요. 아래 사진에서 보시는 것처럼 미국 집에는 아침을 간단히 먹을 수 있는 아늑한 공간이 있는데, 그걸 breakfast nook라고 불러요. 저희 집에도 있는데, 큰 다이닝 테이블보다는 창문으로 밖을 보면서 간단히 먹을 수 있는 이 공간이 더 편안하게 느껴져요. 미국 가구점에서는 breakfast nook에 쓸 가구만 전문적으로 파는 섹션도 따로 있습니다. 사전적 의미로 '구석진 공간'이라고만 외우면 현지 느낌을 절대 알 수 없는 단어이니 잘 알아 두세요.

Unit 23

친구와 주말 계획 세우기

Reservations are all booked up for this weekend.

친한 친구 사이인 댄과 엠마가 이번 주말 약속을 잡고 있다. 댄이 먼저 맨해튼에 있는 리틀 아일랜드를 가자고 제안한다.

Dan   Have you heard of Little Island?

Emma   The new park at Pier 55! I've been dying to go.

Dan   Reservations are all booked up for this weekend but entry is free before noon. Think you can wake up early on Saturday?

Emma   I'll try! Is there a time limit to how long we can stay there?

Dan   No, once you're in, you're in. They're allowing a certain number per time slot though.

Emma   Are dogs allowed?

Dan   Nope, we have to leave Princess at home.

Emma   Makes sense, they don't want it to turn into a dog park.

Dan   Let's aim for 11am, okay? We can get lunch there. Sunblock, blanket, comfy shoes, sunglasses.

Emma   Perfect! Thanks for planning it out.

해석

Dan '리틀 아일랜드'라고 들어 본 적 있어?

Emma Pier 55에 새로 생긴 공원! 정말 가 보고 싶어.

Dan 이번 주말에는 예약이 다 찼는데 12시 전에는 입장이 공짜야. 토요일에 일찍 일어날 수 있겠어?

Emma 해 볼게! 거기에 시간 제한이 있어?

Dan 아니, 일단 입장하면, 그냥 들어간 거야. 그런데 시간당 들어갈 수 있는 인원 제한은 있어.

Emma 반려견도 갈 수 있나?

Dan 아니, 프린세스는 집에 두고 가야 해.

Emma 이해 돼, 애견 공원이 되면 안 되니까.

Dan 11시에 만나는 걸로 하자, 괜찮지? 거기서 점심을 먹으면 되니까. 선 블록, 담요, 편한 신발, 선글라스를 가지고 와.

Emma 좋았어! 일정 잡아 줘서 고마워.

오늘의 표현

1. Have you heard of ~?
2. I've been dying to ~
3. Reservations are all booked up for ~
4. time slot
5. Let's aim for ~
6. Thanks for planning it out.

오늘의 표현 뜯어보기

1 Have you heard of ~?

현재완료 시제를 사용하면 상대방의 경험에 대해 물어볼 수 있다고 했어요. Unit 5에서 다녀 온 여행지, 특이한 경험, 관심사, 취미, 흥미 등에 대해 질문하는 문장들을 살펴봤죠. 그 연장선상에서 과거분사 heard를 쓰면 "~에 대해 들어 본 적 있어?"라는 질문을 할 수 있습니다. 상대방의 흥미를 유도할 수 있는 좋은 스몰토크 질문이에요.

2 I've been dying to ~

우리말도 구어체에서 '과장(hyperbole)'하는 표현을 자주 쓰죠. "정말 가고 싶어 죽겠어."처럼요. 영어에서는 "I'm dying to ~."를 써서 "~하고 싶어 죽겠어."라는 뜻을 나타낼 수 있어요. 그런데 지금만 하고 싶은 것이 아니라 전부터 계속 하고 싶어 했던 것이라면 현재완료진행 시제를 써서 "I've been dying to ~."라고 강조할 수 있어요.

3 Reservations are all booked up for ~

'예약이 꽉 찼다'라는 표현은 반드시 수동태로 써서 'be booked up'이라고 해야 해요. 언제 예약이 꽉 찼는지를 말하려면 뒤에 'for ~'을 붙여 주면 되죠. 여기에 all을 써서 '모두' 다 찼다라는 표현을 완성할 수 있답니다. 수동태 표현은 연습을 많이 해야 익숙해질 수 있으니 많이 반복해 보세요.

4 time slot

'time slot'은 '시간대'라는 뜻입니다. 예를 들어, 자주 보던 TV 프로그램의 방영 시간대가 바뀌었다고 하려면 "The TV program has a new time slot."이라고 표현할 수 있어요. 대화문에서 'per time slot'이라고 한 것은 '시간대마다', 즉 '시간당'이라는 표현이 되죠. 예문을 하나 더 보겠습니다.

- **Once its time slot was changed, the show's ratings increased and it became a hit.**
  그 쇼는 시간대가 바뀌고 나서 시청률이 올라 히트를 쳤다.

5 Let's aim for ~

aim은 '목표를 잡다'라는 의미가 있죠. 'aim for' 뒤에 '시간'을 쓰면, 그 시간대에 만나거나 그때까지 어떤 것을 끝내자는 표현을 할 수 있어요. 여기서 주의할 것은 for 뒤에는 명사, 명사구, 동명사만 넣을 수 있다는 거예요. 만약 동사구 형태를 붙이고 싶다면 'aim to+동사원형'으로 써야 한다는 것을 기억하세요.

6 Thanks for planning it out.

"Thanks for ~."라고 하면 "~을 해 줘서 고마워."라는 말이죠. 'plan out'은 '일정/계획을 상세하게 잡다'라는 말이에요. 그래서 이 문장은 나 대신 상세한 일정을 잡아 줘서 고맙다는 말이 돼요.

센스 있는 영어 플러스

"고마워."라는 말을 다양하게 표현하기

"Thank you."를 잘 표현하는 것은 생각보다 쉽지 않아요. 잘못 하면 성의 없이 말하는 것처럼 들릴 수가 있습니다. 아래에서 볼 수 있듯이, 감사 인사는 정말 다양해요. 각 표현마다 느낌이 조금씩 다르고, 억양과 강세에도 신경 써야 합니다. 당연히 강조되어야 하는 단어는 thank, appreciate이에요. 아래의 다양한 감사 인사를 잘 외워 두고, 상대방에게 진심을 담아서 말해 보세요.

- Thank you.
- Thanks.
- Thank you so much.
- Thanks so much.
- Thanks a lot.
- Thanks a ton.
- Thanks a bunch.
- Thanks a million.
- All I can say is thanks.
- All I can say is thank you.
- I appreciate it.
- I really appreciate it.

"Thank you." 또는 "Thanks." 뒤에 왜 고마운지 구체적인 이유를 말해야 할 때가 있어요. 이때는 전치사 for를 사용합니다. 아래의 다양한 예문을 보면서 그 느낌을 익혀 보세요.

- **Thank you for your help.** 도와줘서 고마워.

- **Thanks for coming to my party.** 내 파티에 와 줘서 고마워.

- **Thanks for getting back to me.**
  회신해 주셔서 고마워요. – 이메일, 전화 등의 요청에 회신해 줬을 때

- **Thank you for responding so quickly.**
  빠르게 회신해 주셔서 고맙습니다. – 이메일, 전화 문의에 신속하게 대답을 해 줄 때

- **Thanks for the gift.** 선물 고맙습니다.

- **Thank you for writing.** 메일 주셔서 고맙습니다.

- **Thank you for calling.** 전화 주셔서 고맙습니다.

- **Thank you for letting me know.** 알려 주셔서 고마워요.

- **Thanks for the support.** 지원해 줘서 고마워요.

- **Thanks for the invitation. / Thanks for the invite.**
  초대해 주셔서 고맙습니다.

- **Thank you for the kind words.** 칭찬해 주셔서 고맙습니다.

- **Thanks for taking the time to [do something].**
  바쁘신데 (~하는 데에) 시간 내 주셔서 고맙습니다.

알아 두면 좋아요

반려동물 정책과 관련된 표현

반려동물을 키우는 분이라면 어딘가에 동행하기 전에 필수로 확인해야 하는 부분이 있을 거예요. 바로 pet policy(반려동물 정책)입니다. 미국에는 아파트나 콘도에 입주할 때도 pet policy가 건물마다 달라서, 이사 나갈 때 청소를 해야 한다거나 또 다른 여러 규정이 있을 수도 있습니다. 또, 직장에 반려동물을 동반할 수 있는 직장도 있어요. 이런 경우 다음과 같은 정책이 있습니다.

Pet Parent Responsibilities

To comply with our workplace pet policy, pet parents who want to bring their pets to work must agree to:

- Be 100% responsible for their pet's behavior, well-being, hygiene and happiness.
- Be respectful of other employees, and their pets, to ensure everyone can be as successful and productive as possible at work.
- Manage their workspace to ensure it is "pet-proofed" and safe for their visiting pet.
- Ensure that their pet's behavior does not interfere with other employees' comfort or ability to do their work.

반려동물 보호자의 책임 사항들

직장 내 반려동물 정책을 준수하기 위해, 직장으로 반려동물을 데려오고 싶은 보호자들은 다음의 사항을 꼭 지켜 주셔야 합니다:

- 반려동물의 행동, 안위, 위생, 행복감에 대하여 100% 책임져야 함.
- 직장 내에서 모두가 성공적이고 생산성 높게 일할 수 있도록, 다른 직원과 반려동물에 대해 배려심을 가져야 함.
- 반려동물에게 위험한 것이 없도록 주변을 안전 조치하고, 동물의 안전이 보장되는 근무 공간을 유지하여야 함.
- 본인의 반려동물의 행동이 다른 직원들의 편안함이나 업무에 방해되지 않도록 확실히 해야 함.

미국 현지 문화

Little Island at Pier 55

Little Island(리틀 아일랜드)는 맨해튼의 Meatpacking District와 Chelsea 지역에 위치해 있어요. 주말에 가족, 연인, 친구들끼리 멋진 경치를 감상하며 걷기에 최적화된 장소입니다. 뉴욕 허드슨 강변, Pier 55(55번 부두)가 있던 곳에 인공으로 만든 무료 공원이에요. 2021년 5월에 처음 공개되었고, 모든 게 다 계획해서 만들어진 것이죠. 현지인들은 Little Island at Pier 55라고 묶어서 부른답니다.

Unit 24

다른 커플에 대해 이야기하기

I heard she's a total drama queen.

매트와 엠마는 얼마 전에 헤어진 친구 커플에 대해서 이야기를 나누고 있다.

Matt Did you hear about Sara and Tony? They broke up!

Emma No way! They were so cute together, what happened?

Matt I heard she's a total drama queen, she was always picking fights with him for no reason.

Emma That's terrible. She should have appreciated what a great guy she had.

Matt One time, she threw her shoe at him because he didn't open the car door for her.

Emma The shoe she was wearing?

Matt Yeah, and then Tony took her shoe and threw it even farther away so she had to walk with one bare foot to get it.

Emma Okay, sounds like he's a bit of a drama queen, too.

해석

Matt   사라와 토니의 소식 들었어? 헤어졌대!

Emma   말도 안 돼! 둘이 정말 잘 어울렸는데, 어떻게 된 거야?

Matt   듣기로는 사라가 완전 드라마 퀸이어서 항상 이유도 없이 싸움을 걸고 그랬대.

Emma   끔찍하다. 얼마나 괜찮은 남자를 만나는지에 고마워했어야 했는데.

Matt   한 번은, 토니가 차 문을 안 열어 줘서 사라가 토니한테 신발을 던졌어.

Emma   자기가 신고 있던 신발을?

Matt   응, 그리고 나서 토니가 그 신발을 더 멀리 던져서 사라가 한쪽 맨발로 걸어서 신발을 가져와야 했지.

Emma   음, 토니도 좀 드라마 퀸인 것 같네.

오늘의 표현

1. Did you hear about ~?
2. She's a total drama queen.
3. pick fights
4. should have+p.p.
5. throw ~ at A

오늘의 표현 뜯어보기

1 Did you hear about ~?

아는 사람끼리 스몰토크를 시작하기에 정말 좋은 문장입니다. "혹시 ~에 대해서 들었어?"라고 새로운 소식을 알려 주거나 정보를 교환하는 질문이죠. 대화를 시작하거나 새로운 주제로 전환할 때 유용한 질문이에요. 예를 들어, 서로 알고 있는 친구인 샐리라는 사람이 다리가 부러졌다는 소식을 상대방에게 물어볼 때, "Did you hear that Sally broke her leg?"라고 대화를 시작할 수 있겠죠.

2 She's a total drama queen.

'drama queen'은 우리말로 정확히 표현할 수 있는 단어가 없어요. '드라마 퀸'이라는 단어는 '드라마 여주인공처럼 작은 일에도 과장되게 행동하고 지나치게 감정적인 사람'을 뜻합니다. 영화나 드라마에 나오는 별거 아닌 일에 오버하거나 심하게 감정적인 등장인물들을 상상해 보세요. 원어민들은 정말 자주 쓰는 표현이랍니다. 여기에 total까지 붙이면 '완전 감정적이고 오버스러운 사람'이라는 의미가 돼요.

3 pick fights

'pick fights'는 '(의도적으로) 싸움을 걸다'라는 의미예요. 예문을 보여 드릴게요. 상황에 따라 a fight라는 단수로도, fights라는 복수로도 사용할 수 있습니다.

- **Why would we want to pick a fight with them?**
  우리가 뭐 하러 걔들에게 싸움을 걸겠어?

- **Don't pick a fight with me.** 나한테 괜히 싸움 걸지 마.

4 should have+p.p.

"~했어야 했는데 (못해서 후회 돼)."라는 표현을 영어로는 'should have+p.p.'를 써서 표현해요. 지나간 일에 대해 누군가를 비판하거나 안타까워하거나, 스스로 후회할 때 등 많은 상황에서 쓸 수 있어요. 실제로 원어민들이 정말 자주 쓰는 표현입니다. 앞 대화문에서는 appreciate의 과거분사형을 써서 "~를 감사했어야 하는데 (안타깝다)."의 의미를 나타냈어요.

5 throw ~ at A

여기서는 전치사 at의 사용법을 배워 보겠습니다. 영어에서 '무엇을 누구에게 던지다' 혹은 '무엇을 타깃으로 총을 쏘다' 등 어떤 타깃을 목표로 하는 것을 표현할 때 전치사 at을 씁니다. 예문으로, 'shoot multiple bullets at the shooting target(연습용 사격 타깃에 여러 발을 쏘다)'를 보면 알 수 있죠. 전치사 at은 보통 '의도적으로, 나쁜 마음을 가지고'라는 숨은 뜻이 있어요. 물리적인 것이 아니라 question 같은 것에도 사용할 수 있어요. 몇 가지 문장을 보면서 그 의미를 확실히 익혀 보세요.

- **I threw a rock at the guy who was trying to break into my car.**
  난 내 차에 침입하려는 남자에게 돌을 던졌다.

- **The pitcher deliberately threw the ball at the batter.**
  투수가 의도적으로 타자에게 공을 던졌다.

- **I threw a question at her that she couldn't answer.**
  나는 그녀가 대답할 수 없는 질문을 물어봤다.

센스 있는 영어 플러스

친하지 않은 사이에서 피하는 게 안전한 주제들

앞의 대화문은 친구끼리 다른 헤어진 커플에 대한 '가십(gossip)'을 말하는 것으로 가상 대화문을 만들어 보았는데요. 여기서는 친한 친구 사이의 대화로 가정한 것이지만, 친하지 않은 사이에서는 이런 가십은 조심해야 할 주제입니다.

일반적으로 sensitive(민감한), 혹은 ultra-controversial(논란의 여지를 불러일으킬 수 있는) 주제라고 여겨지는 것들은 다음과 같아요.

- **Politics(정치)**
  ex) 요즘 그 정치인에 대해서 어떻게 생각하시나요?

- **Physical appearance(외모)**
  ex) 살이 빠지신 것 같은데, 몇 킬로나 빠졌어요?

- **Religion(종교)**
  ex) 이슬람 교인들이 매일 기도하는 것을 어떻게 생각하세요?

- **Age(나이)**
  ex) 나이가 적지는 않으시네요.

- **Anything PG-13 and up(19금)**
  ex) 야한 영화 좋아하세요?

이외에도 '개인의 재정 상황', '죽음에 대한 언급', '임신 관련 주제', '건강에 대한 조언', '인종 차별', '문화 차이에 대한 농담' 등은 다 조심해야 할 아주 민감한 주제입니다.

또한 스몰토크를 할 때 'narrow topics(너무 구체적인 주제)'는 상대방이 대답하기도 힘들고, 폭넓은 대화로 이끌기 어려울 수 있으니 대중적이면서 보편적인 주제를 잘 선택하는 것도 중요합니다.

피해야 할 가장 안 좋은 스몰토크 질문을 몇 개 보여 드릴게요.

- **When are you having kids?**
  (결혼한 여성에게) 언제 아이를 가질 거예요?

- **When are you two getting married?**
  (오래된 커플에게) 두 분은 언제 결혼하실 거예요?

- **Who did you vote for?**
  (선거가 끝난 후) 누구에게 투표했어요?

- **How much do you make?**
  (직장인이나 사업가에게) 얼마나 버세요?

위 예문을 보면 한국말로도 절대 물어보지 말아야 할 센스 없는 질문들이죠? 상대방이 불편해할 만한 예민한 질문은 처음부터 물어보지 않는 게 좋아요.

여기서 꿀팁

비교급 강조 부사의 이해

비교급을 강조할 때는 much, even, still, far, a lot을 비교급 형용사 앞에 붙이면 된다고 배웠을 거예요. 그런데 이 부사들은 각각 의미 차이가 있기 때문에 아무거나 붙이면 문장이 어색해질 수 있습니다. 어감에 따라 다르게 사용해야 해요.

예를 들어서, "내 남동생은 그 여자의 남동생보다 훨씬 더 나이가 많아."라는 표현은 "My brother is <u>much</u> older than her brother."라고 말하면 되는데, 이때 much 대신에 still을 쓰면 완전히 잘못된 문장이 됩니다. 문법적으로는 맞을지 몰라도, 논리적으로는 쓸 수 없는 문장이에요. still은 '아직도 여전히'라는 의미가 있으니, 상황이 변했거나 비교 대상이 바뀌었을 때 쓸 수 있어요. 예를 들면, 꽃샘추위가 찾아와 3월인데도 2월보다 더 추운 것 같다고 할 때 "It feels like it's <u>still</u> colder than a month ago."라고 말하면 됩니다. 여기서 still은 시간이 한 달이나 지나 변화된 상황임에도 불구하고 "아직도 여전히 더 춥네."라는 어감이 확실히 들어가죠. 처음에 예를 들었던 내 남동생과 그 여자의 남동생의 나이 차이는 변할 수 없는 것이므로 still을 쓸 수 없고, 날씨는 항상 변하는 것이기 때문에 still을 쓸 수 있는 거예요.

위에 열거한 강조 부사 외에도 원어민들은 way라는 구어체 표현을 정말 많이 쓰는데, 이 표현도 알아볼게요.

- **This winter was <u>way</u> colder than last winter.**
  올 겨울이 작년 겨울보다 훨씬 더 추웠다.

그런데 만약 격식을 차려야 하거나, 기상 캐스터가 같은 문장을 말한다면 considerably(상당히)라는 부사를 씁니다.

- **This winter was <u>considerably</u> colder than last winter.**

이렇게 어떤 강조 부사를 쓰는지에 따라서 문장의 어감이나 격식의 정도도 완전히 달라질 수 있습니다.

알아 두면 좋아요

호들갑스러운 dramatic

영어에서 'drama queen'은 우리말로 '오버쟁이'에 가까운데요. 이와 관련해서 dramatic이라는 형용사도 사람에게 쓸 수 있습니다. 이때는 '과장된', '호들갑스러운', '오버하는'이라는 의미로 쓰여요. 예문을 보시죠.

o **My 2-year-old is so dramatic. She was crying because her bath was too wet.**
내 두 살배기 아이가 감정 오버가 장난이 아니야. 목욕물이 너무 많아서 울었다니까.

o **Don't be so dramatic.**
그렇게 너무 오버 좀 하지 마.

o **I told Katie that if I fail another math test, my mother was going to kill me and she told me not to be so dramatic. I don't think she understands just how scary my mom is.**
다시 한번 수학 시험을 망치면 우리 엄마가 날 죽일 거라고 케이티에게 말했더니 나한테 그렇게 오버 좀 하지 말라고 하는 거야. 우리 엄마가 얼마나 무서운지 이해를 못하는 것 같아.

Unit 25

직장 동료에 대한 대화

Watch out when her hair is green.

입사한 지 얼마 안 된 에이미가 직장 동료인 댄에게 사무용품을 어디서 가져올 수 있는지 물어본다. 댄은 담당자인 젠을 알려 주면서 그녀에 대해 이야기를 한다.

Amy	Do you know where I can get extra staples?
Dan	Just ask Jan, the office manager. She can help you with any office supplies.
Amy	Thanks! Which one is Jan?
Dan	She sits in the corner, next to the water fountain. She has red hair this week, last week it was purple.
Amy	Oh yes, I've seen her around. I just thought somebody new was getting hired every week.
Dan	Haha yeah, but Jan's been here forever. Longer than the boss probably.
Amy	She must be really good at her job then.
Dan	She's the best! But watch out when her hair is green. That means she's in a bad mood.
Amy	Really?
Dan	No, I'm just messing with you!

해석

Amy	저 스테이플이 더 필요한데 어디에 있는지 아세요?
Dan	사무실 관리자 젠에게 물어보세요. 사무용품 관련된 건 그 분이 도와줄 수 있어요.
Amy	고맙습니다! 누가 젠이에요?
Dan	분수대 옆 코너에 앉아 있어요. 이번 주는 머리가 빨간색이네요, 지난주는 보라색이었거든요.
Amy	아 네, 다니면서 봤어요. 저는 매주 새로운 사람이 일하러 오는 줄만 알았네요.
Dan	하하, 그렇죠, 젠은 여기서 정말 오래 일했어요. 아마 부장님보다 더 오래됐을 걸요.
Amy	일을 정말 잘하시나 봐요.
Dan	최고죠! 근데 머리색이 초록색일 때는 조심해야 해요. 아주 기분이 안 좋다는 뜻이에요.
Amy	정말요?
Dan	아니요, 장난이에요!

오늘의 표현

1 Do you know where I can get extra staples?
2 Which one is Jan?
3 I've seen her around.
4 Somebody new was getting hired every week.
5 Jan's been here forever.
6 I'm just messing with you!

오늘의 표현 뜯어보기

1 Do you know where I can get extra staples?

스몰토크에서 아주 유용한, "Do you know ~?"로 시작하는 문장입니다. 상대방에게 "~을 아시나요?"라고 하면서 '도움'을 요청하며 대화의 물꼬를 트는 표현이에요. 참고로, staples은 어떤 것을 모아서 찍는 'ㄷ'자 모양의 철사를 말하고, staple을 넣어서 찍는 기구를 stapler라고 한다는 것도 기억해 두세요.

2 Which one is Jan?

누가 'Jan'이라는 사람인지 물어볼 때, "Who is Jan?"이라고 하지 않고 "Which one is Jan?"이라고 물어보고 있습니다. 여러 사람이 있는 사무실 공간에서 누군가를 콕 집어 질문하는 것이기 때문이에요. "Who is Jan?"이라고 하면, 그 사람 자체가 뭐하는 사람인지, 어떤 사람인지를 묻는 것이기 때문에 구분해서 사용하는 게 좋아요.

3 I've seen her around.

여기서 현재완료 시제를 쓴 것에 주목해 보세요. "I saw her."라고만 쓰면 그녀를 한 번 보고 끝냈다는 어감을 나타냅니다. 사무실에서 어느 기간 동안 계속 봐 왔다라는 의미가 되려면 현재완료 시제를 써야 합니다. 시제 하나만으로 의미가 달라지므로 꼭 기억하세요.

4 Somebody new was getting hired every week.

여기서는 수동태 진행형을 썼다는 것에 주목해 보세요. "Somebody new was hired every week."라고 단순 과거 시제를 쓰면 그냥 매주 새로운 사람이 고용되는 사실로 끝이 나는 것처럼 느껴집니다. getting을 써서 "새로운 누군가가 매주 고용되고 있었다."라고 하면 현상의 진행감과 생동감이 느껴집니다. 회화를 할 때는 특히 동사 get을 잘 활용하는 것이 어감의 차이를 확 다르게 만들어 준답니다.

5 Jan's been here forever.

현재완료 시제로 과거부터 지금까지 계속 있는 상태를 나타내고 있습니다. forever라는 단어를 통해 이 회사에 정말 오래 있었다는 걸 강조해 주고 있습니다.

6 I'm just messing with you!

'mess with' 뒤에 사물이 나오면 '~을 바꾸거나 만지작거리다', '~을 함부로 조작하다'라는 의미가 되는데, 사람이 나오면 '~에게 장난치다'라는 의미가 됩니다. 같은 의미로 'play around with someone'이라고 쓸 수도 있습니다. 상대방이 놀리거나 짓궂게 굴 때 부정문으로 "Don't mess with me."라고 하면 "나 가지고 장난하지 마."라는 의미가 됩니다. 앞의 대화문에서는 농담으로 쓰였어요.

센스 있는 영어 플러스

직장에서 꼭 필요한 스몰토크

직장에서 항상 만나는 coworker(동료)와의 스몰토크는 서로의 유대 관계와 일하는 분위기를 밝게 유지하기 위해 꼭 필요한 사회생활의 한 부분입니다. 다음과 같은 캐주얼한 대화로 시작을 해 볼게요.

> A Did you do anything at the weekend?
> B Yeah, we went to that new Italian place on Tall Cedar Street.
> A Oh yeah? Was it good?
> B Yeah, the food was great. The service was pretty good too.
> A Cool. What did you have?
> B I had lasagna and Katie had a seafood pizza.
>
> ---
>
> A 주말에 뭐 좀 했어요?
> B 네, Tall Cedar Street에 새로 생긴 이탈리아 레스토랑에 갔어요.
> A 아 그래요? 괜찮았어요?
> B 네, 음식이 맛있더라고요. 서비스도 꽤 괜찮았고요.
> A 좋네요. 뭐 먹었어요?
> B 저는 라자냐를 먹었고 케이티는 해산물 피자를 먹었어요.

월요일에 직장에서 가장 흔한 대화입니다. 상대방의 대답에 따라서 "What's the name of the restaurant?(레스토랑 이름이 뭐예요?)", "Was it expensive?(비싸요?)", "Was it busy?(사람은 많았어요?)" 등의 follow-up question만 준비하면 됩니다.

이외에도 직장 동료와 나눌 수 있는 가벼운 대화를 더 볼게요. 아래는 특별한 주제 없이 가볍게 안부를 나누는 대화입니다.

- A: How's your morning going so far?

    아침 잘 보내고 있어요?

    B: Things are slower than usual, so I've been able to work through my to-do list.

    평소보다 느긋해서 해야 할 일을 다 했어요.

- A: How's your day been?

    오늘 하루 어때요?

    B: I've been focused on the presentation for my biggest client later this week. I'm really looking forward to it.

    이번 주 말에 오실 중요한 고객에게 할 프레젠테이션에 집중했어요. 정말 기대하고 있거든요.

- A: How's your morning been going?

    아침 어떻게 보내고 있어요?

    B: Things are off to a good start!

    출발이 순조로워요!

여기서 꿀팁

업무와 관련된 질문과 대답의 요령

회사에 이직한 지 얼마 안 된 경우에는 직장 동료에게 정보를 물어봐야 합니다. 예를 들어, 제가 회사의 영업부에서 일을 시작했다고 하죠. 그럼 동료에게 이런 질문을 할 수 있을 거예요.

- **Can you tell me about your experience working with this client?**
  이 고객과 일하시면서 어땠는지 얘기해 줄 수 있어요?

- **What worked well when dealing with this client?**
  이 고객과 일하시면서 잘 풀렸던 일이 어떤 건가요?

- **Tell me about your experience working on this project.**
  이 프로젝트를 하면서 어떠셨는지 알려 주세요.

이런 질문을 통해서 동료가 하는 일을 존중한다는 것을 나타내면서 도움을 요청할 수 있어요. 이렇게 하면 관계는 당연히 깊어질 수밖에 없지요. 지나가는 빈말이나 시간을 때우기 위한 잡담이 아니라, 의미 있는 대화를 이끌어 가는 것이 중요합니다. 추가로 다음과 같은 질문을 할 수 있어요.

- **What are you currently working on?** 요즘 어떤 일에 열중하고 계시나요?

- **How do you usually handle ~?** ~은 보통 어떻게 처리하시나요?

그렇게 상대방의 대답을 듣고 나서 조언과 의견에 감사 표시를 할 차례예요. 업무 관련 대화를 마무리하는 단계에 쓰기 좋은 문장들을 모아 봤어요.

- **Thank you so much for sharing. I'm going to try that with my client.**
  공유해 주셔서 정말 고마워요. 제 고객에게도 시도해 볼게요.

- **Thank you so much for telling me your thoughts on this. I'm going to keep that in mind as I move forward on this project.**
  이것에 대해 의견을 말해 주셔서 정말 고맙습니다. 이 프로젝트를 진행하는 동안 명심할게요.

- **Thanks for telling me about your new project. It sounds super interesting. I can't wait to hear more the next time I see you.**
  새 프로젝트에 대해 얘기해 주셔서 고마워요. 정말 흥미롭네요. 다음에 만날 때 더 많은 얘기가 기대돼요.

알아 두면 좋아요

Would를 사용해서 공손하게 말하기

직장 대선배와 다소 어려운 대화를 하게 되었다면 말투를 공손하게 바꿔야겠죠. 가장 좋은 방법은 조동사를 이용하는 거예요. would라는 조동사를 써서 "Would you mind -ing?"라고 하면 "~해도 괜찮으시겠어요?"라는 뜻으로, 공손한 말투를 써야 할 때 활용하기 좋은 표현이 됩니다.

- **Would you mind telling me about your experience working on this project?**
  이 프로젝트에 열중하셨던 경험을 말씀해 주셔도 괜찮으시겠어요?

- **Would you mind sharing your experience working with this client?**
  이 고객과 일하셨던 경험을 공유해 주셔도 괜찮으시겠어요?

Unit 26

휴가와 여행에 대한 대화

I've been bitten by the travel bug.

엘리베이터 앞에서 만난 이웃끼리 여행과 휴가를 주제로 서로의 경험과 생각에 대해 대화를 나눈다.

Chloe   You look tanned! Did you just get back from somewhere?

Ben   Yes, I was in Miami. It was amazing.

Chloe   Lucky! I would love to be sitting at the beach right now. How long were you there?

Ben   10 days. I spent the holiday weekend with my family, but I got an Airbnb for myself for the rest of the week.

Chloe   A vacation on your vacation, that's smart.

Ben   Now I'm back to the grind. Any travel plans for you?

Chloe   I'm supposed to go to Boston next month but I'm sick of the cold. Maybe I'll plan a girls' trip.

Ben   Tickets to Texas are so cheap right now. I've been bitten by the travel bug, I might just close my eyes and pick a city. If the flights aren't too pricey, why not, right?

Chloe   You are living the life.

해석

Chloe 피부가 탔네요! 어디 다녀온 거예요?

Ben 네, 마이애미에 있다 왔어요. 정말 좋았어요.

Chloe 좋았겠네요! 지금 해변에 앉아 있다면 얼마나 좋을까요. 얼마나 오래 있었어요?

Ben 열흘이요. 가족들과 휴일 주말을 같이 보냈는데, 나머지 며칠은 저 혼자 에어비앤비를 구했죠.

Chloe 휴가 중에 또 다른 휴가라, 똑똑한데요.

Ben 이제 다시 일해야죠. 여행 계획 없으세요?

Chloe 다음 달에 보스턴에 가기로 되어 있는데, 전 추운 게 지긋지긋해요. 여자들끼리 여행이나 할까 해요.

Ben 지금 텍사스로 가는 비행기 티켓이 엄청 싸요. 여행에 중독이 돼서, 그냥 눈 감고 아무 도시나 찍을까 해요. 비행기 값만 너무 안 비싸면, 못할 게 뭐예요, 그쵸?

Chloe 인생을 제대로 즐기면서 사시네요.

오늘의 표현

1 You look tanned!
2 Did you just get back from somewhere?
3 Now I'm back to the grind.
4 Any travel plans for you?
5 You are living the life.

오늘의 표현 뜯어보기

1 You look tanned!

여름에 멋지게 그을린 친구를 보았을 때 이 표현을 씁니다. 이건 원어민들에게는 칭찬으로 들려요. 단순히 "피부가 탔네."라고 이야기하는 것과는 조금 다른 느낌입니다. 멋지게 구릿빛으로 보인다는 말이고, 대답도 보통 "Thanks."라고 하죠. 미국 영어에서는 그냥 "You look tan!"이라고 분사 형태를 쓰지 않고 말하기도 합니다. "너 멋진 구릿빛에 건강해 보인다."라는 의미로 "You look tanned and healthy.", "You look tan and fit.", "You've got a gorgeous suntan." 등의 응용된 표현들도 함께 기억해 두세요.

2 Did you just get back from somewhere?

위 표현과 이어서 쓰면 아주 좋은 표현이죠. "어디 놀러갔다 온 거야?" 정도로 해석하면 됩니다. 만약에 친구가 어디에 다녀왔는지 이미 알고 있다면, "~에서 언제 돌아왔어?"라는 표현으로, "When did you get back from ~?"이라고 하면 됩니다. '돌아오다'라는 뜻의 구동사 get back을 잘 활용해 보세요.

3 Now I'm back to the grind.

"이제 다시 원상태(일하는 곳)로 돌아왔어."라는 의미입니다. 학교에서 선생님이 "Okay, everyone. Break time is over. Get back to the grind.(자, 여러분. 쉬는 시간 끝났어요. 모두들 하던 공부하세요.)"라고 할 수도 있고요. grind는 보통 구어체로 '지루하고 힘든 일'을 의미해요. 신나게 놀거나 쉬고 나서 하던 일이나 공부로 돌아갈 때 주로 쓸 수 있는 표현이죠. 다른 예문도 한 번 보시죠.

○ **It's Sunday today. Going back to the grind tomorrow.**
오늘 일요일이네. 내일부터 다시 일해야지.

○ **I got to get back to the grind now. Playtime is over, there's money to make.**
이제 다시 일해야 돼. 노는 때는 끝났어, 돈 벌어야지.

4 Any travel plans for you?

"Do you have any travel plans for you?"라는 문장을 줄인 것이에요. 그냥 명사구만 써도 충분히 의미 전달이 되기 때문에, 구어체에서 이렇게 줄여서 많이 쓰죠. 원어민들은 줄여서 말하는 것을 좋아하기 때문에 이런 표현에 많이 익숙해져 보세요.

5 You are living (the) life.

직역하면 "삶을 살고 계시네요."라는 뜻이지만, 숨은 의미는 "현재에 집중하면서 인생을 재밌게 즐기고 사시네요."라는 말입니다. 벤이 대화에서 여행에서 돌아오자마자 새로운 여행 이야기를 하니까 클로이가 이렇게 말했죠. 사람마다 인생을 제대로 사는 방법은 다르겠지만, 제가 생각하는 것은 다음과 같습니다. "Embracing life one moment at a time(삶의 매 순간을 받아들이고 향유하며 사는 것)"

센스 있는 영어 플러스

상대방의 이야기에 관심 나타내기

앞의 대화문에서 벤이 마이애미를 다녀왔다고 한 이야기에 클로이는 "Lucky!"라고 리액션을 하며 관심을 나타내고 있어요. 그리고 바로 "How long were you there?"라고 상대방이 여행에 대해 더 많은 이야기를 풀어낼 수 있게 질문을 이어가죠. 그 이후에도 "A vacation on your vacation, that's smart."와 같이 상대방이 한 이야기를 요약하면서 관심을 표현하는 말을 계속 해 줘요. 이렇게 대화를 잘 이어 가기 위해서는 상대방의 말에 관심을 표현하며 반응해 주는 것이 아주 중요합니다. 컨퍼런스에서 만난 지인 사이를 예시로 다른 대화문을 더 보시죠.

> A Speaking of hotels, do you have to travel much for work?
> B Yeah, actually. Too much!
> A **Really?**
> B Yeah, I'm usually on a business trip 3 or 4 times a month.
> A **Wow.** That is a lot!
>
> ---
>
> A 호텔 이야기가 나와서 말인데, 출장을 많이 다니시나요?
> B 네, 사실 그렇죠. 너무 많이 다녀요!
> A 그래요?
> B 네, 보통 한 달에 서너 번은 다니거든요.
> A 와. 정말 자주 다니시네요!

여기에서도 "Really?", "Wow." 등의 단순한 반응이지만 상대방의 이야기를 계속 끌어낼 수 있는 관심을 표현하고 있어요. 그러면서 follow-question을 이어갈 수도 있고, 다른 주제로 계속 확장 시킬 수도 있죠.

상대방의 말에 경청하고 있다는 사인을 줄 수 있는 리액션 표현들을 알아볼게요.
상황에 따라 적절한 표현을 골라 써 보세요.

- Really? Sounds great!
- Sounds good.
- I see.
- I know what you mean.
- What happened next?
- That's interesting/strange/cool.

추가로 깜짝 놀랐을 때에 적당한 표현들입니다.

- Seriously?
- No way! (구어체적인 표현)
- I can't believe it!

마지막으로 상대방의 말에 동의할 때 좋은 표현들입니다.

- Definitely!
- Absolutely!
- Tell me about it!
- Exactly!
- I know!
- Of course!

여기서 꿀팁

여행에 관한 이야깃거리 생각해 두기

스몰토크를 할 때 여행, 휴가에 대해서 이야기하는 것이 가장 흔하면서 좋은 주제입니다. 사람들은 다른 사람의 여행담을 듣는 것도 좋아하죠. 그런 스몰토크에 자신 있게 참여하고 싶다면 자신이 다녀온 여행지, 추천할 만한 곳, 음식, 분위기 등에 대해 어떻게 말할지 미리 준비해 놓는 것도 좋아요.

상대방이 곧 휴가를 떠난다는 걸 알게 되었을 때 다음과 같이 질문해 보세요.

○ **What plans do you have for the summer/spring/autumn/winter break?**
여름/봄/가을/겨울 휴가 동안 미리 계획해 놓은 거 있어?

○ **What are your upcoming vacation plans? Will you travel or stay closer to home?**
휴가 동안 뭐 할 거야? 여행할 거야, 아니면 집 근처에 있을 예정이야?

○ **You mentioned you've got a vacation coming up. That's exciting! Where will you be traveling?**
좀 있으면 휴가 떠난다고 했지. 신나겠다! 어디로 여행할 거야?

여행을 다녀왔다면, 다음과 같은 말을 할 수 있어요.

○ **I just came back from Paris. The coffee was disappointing but their croissant was so good!**
파리 여행에서 방금 돌아왔어. 커피는 실망스러웠지만 크로와상은 정말 맛있었어!

○ **I visited the Old Town in Alexandria last weekend. I would totally recommend this oyster bar there!**
지난 주말에 알렉산드리아에 올드 타운이라는 곳에 방문했었거든. 거기 오이스터 바 완전 추천이야!

알아 두면 좋아요

'be bitten by the travel bug'이란?

앞의 대화문에서 "I've been bitten by the travel bug."라고 했는데, 이 표현은 좀 생소할 수도 있겠지만 우리가 흔하게 표현하는 '역마살'이라는 표현과 연관이 있는 말이에요. "난 여행광이 되었어.", "난 여행에 중독 됐어.", "나 역마살이 낀 것 같아."라는 의미로 사용하는 것이죠. 이 표현을 사용한 짧은 단락을 보면서 쓰임을 더 이해해 보세요.

- **I was bitten by the travel bug when my family took our first international vacation when I was 15. We visited Italy for a whole summer.**
  내가 15살 때 우리 가족은 처음으로 해외여행을 했는데, 내가 완전 여행광이 됐어. 여름 내내 이탈리아를 돌아다녔지.

- **I think Frank has a girlfriend in Brazil. He visited four times last year! He told me he's been bit by the travel bug, but it sounds more like the love bug to me.**
  내 생각에 프랭크가 브라질에 여자친구가 있는 것 같아. 작년에 네 번이나 갔다니까! 나에게는 역마살이 끼어서라고 하는데, 내 생각엔 상사병에 걸린 것 같아.

- **Have you ever been bitten by the travel bug? Most people feel the need for a getaway in the summer, but that's when flights are most expensive. Try to save your vacation days for the spring or fall when flight prices drop.**
  여행에 중독되어 본 적 있나요? 대부분의 사람들은 여름에 어딘가로 떠나고 싶어 하지만, 그 시기에 비행기표 값이 제일 비싸죠. 대신 비행기표 값이 떨어지는 봄, 가을에 휴가를 가 보세요.

Unit 27

온라인 데이트 앱에 관한 대화

Why is it so hard to meet someone normal?

친한 친구인 매트와 에이미가 카페에서 만나 데이트 앱에 관한 얘기를 시작한다.

Matt   How's online dating been going?

Amy   Ugh, equally fun and terrible. I'm talking to a few interesting guys, but there are a lot of weirdos out there.

Matt   Which app are you on?

Amy   I'm on 3 different apps right now, but I see a lot of the same faces on all of them.

Matt   Have you met any in person?

Amy   No, it's been hard to move past the talking stage. A lot of conversations die before getting to that point. Why is it so hard to meet someone normal?

Matt   What makes them not normal?

Amy   Asking for more pictures, asking inappropriate questions, bad texting etiquette.

Matt   Wow, that's quite the list.

Amy   It goes on and on.

해석

Matt	온라인 데이트는 어떻게 되어 가?
Amy	으, 재밌는데 짜증나기도 해. 괜찮은 남자 몇 명과 이야기하고 있긴 한데, 그 외엔 이상한 남자들 정말 많아.
Matt	무슨 앱을 쓰는데?
Amy	지금은 앱 3개를 쓰고 있는데, 서로 다른 앱에서 보던 얼굴들이 많아.
Matt	그중에서 실제로 만나 본 적 있어?
Amy	아니, 대화 단계 이상으로 발전하기가 힘들었어. 많은 대화들이 그 수준에 도달하기 전에 끊겨. 정상적인 사람 만나기가 왜 이렇게 어려운 거야?
Matt	그 사람들이 왜 비정상인 분류에 들어가는 건데?
Amy	사진을 더 보내 달라고 하질 않나, 경우 없는 질문을 하고, 문자 에티켓도 무례하고.
Matt	와, 상당히 많군.
Amy	끝도 없다니까.

*weirdo 괴짜, 별난 사람

오늘의 표현

1 How's online dating been going?
2 equally fun and terrible
3 Which app are you on?
4 past the talking stage
5 A lot of conversations die.
6 etiquette

오늘의 표현 뜯어보기

1 How's online dating been going ?

"How's ~ been going?(~은 어떻게 되어 가?)"은 상대방의 근황을 물어볼 때 활용도가 높은 표현입니다. How's는 How has를 줄인 표현이죠. "How's the project been going?(프로젝트는 어떻게 되어 가?)", "How's your business been going?(네 사업은 어떻게 되어 가?)" 등으로 궁금한 것을 물어볼 수 있어요.

2 equally fun and terrible

재밌으면서도 정말 실망스럽다는 표현입니다. 구어체에서는 부사 equally를 '~하면서도 동시에 ~한'이라는 어감으로 사용할 수 있습니다. 아주 원어민스러운 영어 표현이므로 잘 활용만 하면 자연스러운 회화를 할 수 있습니다.

- **I hope my students would think my class is equally challenging and entertaining.**
  나는 학생들이 내 강의에 대해서 어렵지만 그만큼 재미있다고 생각하면 좋겠어.

3 Which app are you on?

이 문장을 해석하면 "네가 쓰는 앱이 뭐야?"가 됩니다. 같은 뜻으로 "Which app are you using?"이라고도 할 수 있지만, '접속된' 상태를 의미하는 on을 활용하여 훨씬 더 생동감 있고 자연스럽게 말할 수 있습니다.

4 past the talking stage

stage는 '무대'라는 의미뿐 아니라, 어떤 '단계'를 뜻하기도 해요. 여기서의 'past the talking stage'는 '데이팅 앱에서 이야기하는 단계를 지나'라는 의미죠. 앱에서 대화하는 이상으로 직접 만나거나 하기에 어려움이 있었다는 말이에요.

5 A lot of conversations die.

직역하면 "많은 대화가 죽는다."입니다. 뉘앙스로 이해가 되듯이, 만나기도 전에 이미 대화가 끝나버린다는 의미죠. 이럴 때는 end보다 더 어울리고 생생한 표현이에요. 앞에서 배웠듯이, 영어에서는 무생물에도 행동을 하는 동사를 부여해서 재미있는 표현을 많이 만든답니다.

6 etiquette

말 그대로 '에티켓'이라는 뜻이에요. 이 단어는 미국인 기준으로 들으면, e 뒤에 [ㅌ] 발음이 나는 것이 아니라 [ㄹ]처럼 부드럽게 연음이 된다는 것에 주의하세요.

센스 있는 영어 플러스

미국 현지에서 자주 쓰는 축약어 모음

app은 휴대폰 등에 설치하고 사용하는 applications의 줄임말입니다. 우리말에도 단어를 줄여서 간단히 말하는 경우가 많듯이, 영어에도 줄임말을 종종 사용해요. 미국 현지에서 자주 사용하는 유용한 축약어를 알아보겠습니다.

1 FYI (For Your Information)

'참고로 말하자면,'이라는 뜻으로, 이메일과 문자를 할 때도 자주 씁니다. 상대방이 알아 두면 좋은 추가 정보나 팁을 주고 싶을 때 사용합니다.

- **FYI, the ticket says it starts at 10, but the speakers won't be there until 11.**
  참고로 말하자면, 티켓에는 10시에 시작한다고 되어 있는데 강연자들은 11시가 돼서 올 거야.

2 ETA (Estimated Time of Arrival)

'도착 예정 시간'이라는 뜻입니다. 실제로 제가 문자를 보낼 때 정말 자주 쓰는 표현이에요. 일상 대화에서 언제 도착할 거냐고 물어볼 때도 많이 쓰고, 기차역이나 공항에서도 쉽게 볼 수 있습니다.

- **What's your ETA?** 언제 도착할 것 같아?

3 DIY (Do It Yourself)

공예, 물건을 사지 않고 '직접 뭔가를 만든다'라고 할 때 많이 쓰는 표현이죠. 잡지나 책, 블로그 등에서 자주 볼 수 있는 표현입니다.

- **So, are you into DIY projects?** 너는 손으로 직접 만드는 거 좋아해?

4 abs (abdominal muscles)

'복근'이라는 뜻이죠. 운동할 때 아주 자주 쓰이는 표현입니다.

- **I'm going to the gym today to work on my abs.**
  나 오늘 복근 운동을 하러 갈 거야.

5 admin (administration)

'행정', '행정 직원'이라는 뜻입니다. 영어권에서 생활을 할 때 절대 몰라서는 안 되는 단어예요.

- **We're hiring an admin.** 우리는 행정 직원을 채용하고 있어요.

6 rep (representative)

'대표하는 사람'이라는 뜻이죠. '회사나 한 부서의 대표' 또는 '회사나 개인을 대신해 일하는 사람'이라는 의미입니다.

- **Sophia is a customer service rep.** 소피아는 고객 서비스 대표입니다.

7 meds (medications)

'약'이라는 뜻으로, 정말 자주 쓰는 단어입니다. 미국에서는 약국뿐 아니라 CVS, Walgreens, Wal-Mart 등에서도 처방전 약을 픽업할 수 있습니다. 그래서 이 단어를 아주 흔하게 사용하죠.

- **I need to pick up my meds.** 나 약을 픽업해야 돼.

알아 두면 좋아요

반의어를 만드는 접두사들

영단어는 접두사를 붙여서 반의어를 만드는 경우가 많은데, 접두사의 종류가 여러 개입니다. dis-, un-, il-, in-, im-, ir- 등의 접두사로 만들어진 반의어를 표로 정리했습니다. 외워 두면 도움이 많이 될 거예요.

dis	un	il-
disrespectful	**un**real	**il**legitimate
disadvantageous	**un**known	**il**licit
disagreeable	**un**happy	**il**limitable
disapproving	**un**stable	**il**literate
disinterested	**un**fortunate	**il**logical
disabled	**un**familiar	**il**legal

in-	im-	ir-
incredible	**im**proper	**ir**responsible
inexpensive	**im**polite	**ir**rational
invisible	**im**possible	**ir**resistible
indirect	**im**patient	**ir**regular
inexpensive	**im**pure	**ir**reconcilable
intolerable	**im**mortal	**ir**reversible

여기서 하나의 규칙을 찾자면, il- 뒤에 나오는 형용사는 대부분 알파벳 l로 시작한다는 것이고, ir- 뒤의 형용사도 비슷하게 r로 시작되는 단어가 대부분입니다. im-은 m으로 시작하는 형용사도 따라오지만, p로 시작하는 단어도 많습니다.

추가로, interested의 반의어는 앞에 dis-와 un-을 둘 다 쓸 수 있지만 의미가 달라집니다. uninterested는 '관심이 없는', '흥미가 없는'이라는 뜻이고, disinterested는 그 의미도 있고, 확장해서 '사심이나 편견이 없는', '이권이 없는', '사욕이 없는', '청렴한', '객관적인' 등의 의미로도 쓰입니다.

여기서 꿀팁!

부사 quite으로 부드럽게 말하기

앞의 대화문에서 매트가 "Wow, that's quite the list."라고 말하고 있죠. 여기서 부사 quite이 쓰였는데, 특별한 의미로 해석할 필요는 없고 말투가 부드러워지는 거라고 생각하면 됩니다. 우리말로도 회화에서 '좀'이라는 단어를 쓰면 어감이 부드러워지는 것처럼, 비슷한 효과라고 보면 됩니다.

예를 들어, 상대방이 내 말을 이해하지 못했을 때 "That's not what I meant.(내 말은 그게 아니야.)"라고 하면 딱딱하고 냉정하게 들릴 수 있어요. 그럴 때 부사 quite을 넣어 "That's not quite what I meant."라고 하면 "내가 말한 것과는 좀 달라."처럼 어감이 달라집니다. 이 quite의 쓰임은 문법과 상관 없이 뉘앙스를 변화시키는 표현이므로 많이 연습해서 익숙해져야 자연스럽게 쓸 수 있어요.

Unit 28

자동차 정비에 관한 대화

I've had my baby for 10 years now.

댄의 오래된 차에 문제가 생겨, 친구 엠마에게 자동차 정비를 잘 받을 수 있는 곳이 있는지 물어본다.

Dan　　Do you know a good mechanic?

Emma　Yeah, my cousin runs his own shop in the next town. What happened?

Dan　　I went for a routine oil change at my regular place, but the owner ripped me off. He kept finding other things wrong and charged me an arm and a leg to fix them.

Emma　Ouch. I'll tell my cousin about you, he'll treat you right.

Dan　　Thanks a lot, I owe you. It's so helpful to know an honest mechanic.

Emma　Yeah, my cousin is great! He grew up learning to fix cars with his dad and even rebuilt a transmission by himself when he was 16. He's a hard worker.

Dan　　Awesome. Car stuff gets expensive! But I've had my baby for 10 years now. I need her for 10 more.

Emma　I've been leasing the past few years. It costs more, but I love having a brand-new car.

해석

Dan 잘하는 정비사 좀 알아?

Emma 응, 사촌이 옆 동네에서 자기 정비소를 운영해. 무슨 문제 있어?

Dan 단골 정비소에 정기 오일 교체를 하러 갔는데, 주인이 바가지를 씌우는 거야. 계속 뭐가 잘못됐다고 그러더니 수리비를 엄청 비싸게 받더라고.

Emma 아이고. 내 사촌한테 네 얘기 해 둘게, 잘해 줄 거야.

Dan 정말 고마워, 신세 졌다. 정직한 정비사를 알고 있는 게 정말 도움이 돼.

Emma 맞아, 내 사촌 진짜 잘해! 아버지와 자동차를 수리하면서 자라서, 16살 때 혼자 트랜스미션을 다시 만들었다니까. 일도 성실히 하고.

Dan 대단하다. 차를 고치는 게 돈이 정말 많이 들잖아! 이 차를 10년 동안 타긴 했지만. 난 10년은 더 타고 싶거든.

Emma 난 몇 년 전부터 리스를 하고 있어. 돈은 더 들지만, 항상 새 차를 타니까 좋긴 해.

오늘의 표현

1 runs one's own shop
2 find other things wrong
3 charge ~ an arm and a leg
4 treat ~ right
5 car stuff
6 my baby

오늘의 표현 뜯어보기

1 runs one's own shop

run은 '사업체를 운영한다'고 할 때 쓰기 좋은 원어민스러운 표현이에요. 보통은 have, own 등의 '소유'와 관련된 동사를 떠올리기 쉬운데, 실제로는 run이 훨씬 더 자연스럽게 들린답니다.

2 find other things wrong

'find+명사+형용사'의 문장 구조는 '[형용사]한 [명사]를 찾아내다'라는 의미로, 교과서에서 배우기는 했지만 실제 회화에서 사용하기 익숙하지 않은 표현이에요. 다음 예문들을 보면서 이 문장 구조에 익숙해져 보세요.

○ **I find it interesting to sit outside and watch the different people walking by at lunch time.**
나는 점심시간에 밖에 앉아서 지나가는 다양한 사람들을 구경하는 게 재미있어.

○ **I find it really hard to focus on my work in the afternoon.**
나는 오후에 일에 집중하는 게 너무 힘들어.

○ **I find it hard to believe that you're really going to need all that luggage just for 2 days.**
고작 이틀 여행에 네가 그 많은 짐들이 다 필요하다는 게 믿기 힘들다.

3 charge ~ an arm and a leg

'an arm and a leg'는 '돈이 정말 많이 들다'라는 의미에 쓰입니다. 우리말로는 '허리가 휜다' 정도의 표현이죠. charge(청구하다) 대신에 cost(비용이 들다)와 함께 쓰는 경우도 많습니다. 이때 중요한 것은, 'charge/cost+목적어+an arm and a leg'로 중간에 목적어를 넣어야 한다는 거예요.

4 treat ~ right

treat은 '대우하다', '대하다'라는 뜻인데, 'treat someone right'이라고 하면 '어떤 사람을 정직하게/공정하게 대하다'라는 의미입니다. 이 대화문의 문맥에서는 '공정한 가격에 잘 정비해 주다'라는 의미가 되겠죠. right 대신 wrong을 쓰면 반대의 표현이 됩니다.

5 car stuff

여기서의 'car stuff'는 'car repairs and maintenance(차 수리와 보수)'라는 길고 어려운 말을 대체해서 간단히 쓴 말이에요. 현재 차 정비와 관련된 대화를 하고 있는 중이므로 서로 어떤 주제인지 알고 있고, 거기다 친한 사이라면 굳이 길고 장황하게 모든 단어를 말할 필요가 없어요. 매우 원어민스러운 구어체 표현이므로 잘 익혀 두면 대화할 때 유용할 거예요.

6 my baby

한국에도 차에 애정이 아주 많을 때 '내 애기', '내 애마' 등으로 부르는 사람들이 있죠? 나라와 상관없이 아끼는 소유물에 애착을 보여 주는 것은 다 똑같은 것 같아요. 영어로도 my baby라고 표현한다는 것을 기억해 두세요.

센스 있는 영어 플러스

정보나 의견을 물어보며 신뢰 나타내기

앞에서 "Do you know ~?(혹시 ~ 아세요?)"라는 의문문으로 상대방에게 공손하게 질문하거나 관심을 끌면서 대화의 물꼬를 트는 것을 배웠어요. 사실 이렇게 상대방이 가진 정보에 대해 묻거나 의견을 구한다는 것은 그 사람의 판단을 믿는다는 의미이므로, 대부분의 사람들이 이런 질문을 받으면 성심성의껏 대답하게 돼요. 이런 식으로 상대방의 정보나 판단에 대한 신뢰와 칭찬을 나타낼 수 있죠.

이제 상대방의 정보나 의견을 묻는 것을 통한 더 심도 있는 스몰토크를 알아보겠습니다. 직장 동료와 컨퍼런스나 세미나에 참여했는데, 아직까지 둘이 대화를 시작하지 못한 상황이라고 가정해 보겠습니다. 그렇다면 공통으로 참여하고 있는 행사에 관한 주제로 대화를 시작할 수 있겠죠.

- **Do you know if the Marketing Director will speak after the opening session?**
  오프닝 세션 후에 마케팅 부장님이 연설을 하실 건지 아세요?

이런 질문은 별거 아니지만 '공통의 관심사'를 이용해서 빠르게 서로 간의 동질성을 확보할 수 있는 효율적인 대화법입니다. 이 뒤로 대화를 더 이끌어 나가려면 연설자에 대한 칭찬 등으로 확장된 주제를 만들어 갈 수 있겠죠. 여러분이 이미 답을 알고 있다 할지라도 스몰토크를 이어가는 방편으로 상대방에게 정보나 의견을 묻는 질문을 활용할 수 있어요.

다음의 예는 "좋은 ~을 찾고 있는데, 혹시 추천해 줄 수 있어요?"입니다. "I've been looking for a good ~ – do you have any suggestions?"라고 하죠. 상대방이 관심 있어 하는 주제를 알고 있다면, 그 단어만 이 표현에 넣어서 활용하면 됩니다.

만약 블로그를 좋아하는 친구라면, "Which blogs are you reading to stay informed on ~?(~에 대한 정보는 어느 블로그에서 읽어?)"이라고 물어보면 신이 나서 여러 블로그를 소개해 줄 거예요.

이렇게 어떤 사람과 관계를 맺을 때 가장 효과적이면서도 자연스러운 방법이 바로 상대방이 갖고 있는 정보나 의견을 구하는 것 입니다. 그리고 상대방의 말에 동의하는 문장을 좀 더 공부해서 표현하면 금방 가까워질 수 있어요.

여기서 꿀팁

자동차를 리스(lease)할 때 필요한 표현들

미국에서 자동차를 리스(lease)하게 된다면, 다음 표현들을 꼭 알아 두세요.

- **Years/Miles** 약정 주행거리

  차를 리스할 때는 몇 년을 계약하고, 일 년에 얼마나 탈 건지(약정 주행거리)에 대한 계획이 가장 큰 부분입니다. 3년 리스 계약이 가장 흔하게 이루어지고, 보통 1년에 12,000마일(약 19,312km) 정도를 탄다고 약정을 맺습니다. 차를 많이 이용하는 편이라면 15,000마일로 약정을 맺기도 해요.

- **Down payment** 인도금, 다운페이

  사전 그대로 해석하면 '착수금', '계약금'이지만, 리스에서는 '인도금'이라고 생각하는 것이 좋습니다. 한 달에 내야 하는 부담 금액 때문에 다운페이를 많이 내려고 하는 경우가 많은데, 사실 그럴 필요가 없습니다. 유용하지 않은 돈이 묶여 있는 것이고, 자동차 딜러의 입장에서는 딜을 성사시키는 편이 좋기 때문에 대부분 최대한 고객이 원하는 조건을 맞추어 주려고 합니다. 유리한 조건으로 딜을 하려면 꽤 오랜 시간이 필요하므로, 미국에서 리스를 하려면 하루 종일을 비우고 알아보는 것이 좋습니다.

- **Money factor** 이자율

  이 단어는 한 마디로 '이자율'입니다. 당연히 낮을수록 좋겠죠.

- **Residual Value** 만료 후 차의 가치

  사전에서는 '잔존가치'라고 해석될 거예요. 쉬운 말로 '리스 만료 시점에 차의 시장 가치'입니다. 만료가 되었을 때 차를 구입하는 경우도 있는데, 그때 차 가격을 결정하는 중요한 요소예요.

- **MSRP** 생산자 권장 가격

  북미 지역의 자동차 대리점에서 자주 볼 수 있는 문구입니다. 'Manufacturer's Suggested Retail Price'의 축약어예요.

미국 현지 문화

자동차를 할인하는 시기가 있다?

일반적으로 쇼핑을 할 때 할인을 대대적으로 하는 기간이 있습니다. 명절이나 공휴일 전, 새해 전 등 다양한 이벤트 시기에 할인을 진행하지요. 자동차를 사거나 리스를 할 때도 할인폭이 높은 시기가 있어요. 차를 바꾸거나 새로 구입할 생각이 있다면 이 시기를 유심히 보는 것이 좋아요.

- [7월] Independence Day sale 독립 기념일 할인

- [9월] Labor Day sale 노동절 할인

- [11월] Black Friday sale 블랙 프라이데이 할인

- [12월] Year-end sale 연말 할인

Unit 29

SNS에 대한 대화

Life was so much simpler without social media.

구면이지만 아직 친하지는 않은 팀과 에이미가 서로의 SNS에 대해 이야기를 나누고 있다.

Tim   I forgot to ask if you're on any social media. Do you have Instagram?

Amy   Sure, let me give you both my personal and professional account. You can see some of the work that I do on the weekends.

Tim   I've met more and more people who own several accounts. It's just smarter to separate public and private.

Amy   Definitely. I heard recruiters check your social media during the hiring process.

Tim   In our company, some people didn't get hired because their social media presence was too wild.

Amy   I can see why businesses would want to be cautious about that.

Tim   Right. Life was so much simpler without social media.

Amy   Absolutely. People need to be more responsible about what they're posting too.

해석

Tim 소셜 미디어를 하는지 안 물어봤네요. 인스타그램 있어요?

Amy 그럼요, 제 개인 계정과 비즈니스 계정 둘 다 줄게요. 제가 주말에 하는 일을 볼 수 있어요.

Tim 계정이 여러 개인 사람들을 점점 많이 만나네요. 공적인 것과 사적인 것을 구분하는 게 참 똑똑한 것 같아요.

Amy 맞아요. 듣기로는 인사 담당자들이 고용 과정에서 소셜 미디어를 체크한다고 하더라고요.

Tim 우리 회사에도 어떤 사람들은 소셜 미디어에서 너무 과격하다고 고용이 안 된 경우가 있어요.

Amy 회사들이 그렇게 조심하는 것도 이해가 돼요.

Tim 맞아요. 소셜 미디어가 없을 때 삶이 훨씬 더 단순하기는 했어요.

Amy 그렇죠. 사람들이 포스팅하는 내용에 좀 더 책임감을 가질 필요가 있어요.

오늘의 표현

1 I forgot to ask
2 It's just smarter to separate public and private.
3 presence
4 so much simpler

오늘의 표현 뜯어보기

1 I forgot to ask

forget 뒤에 'to+동사원형'을 쓰면 '해야 할 일을 잊어버리다'의 의미가 있는 반면, '-ing' 형태를 쓰면 '이미 했던 것을 잊어버리다'의 의미가 있습니다. 많은 학생들이 혼동하는 부분이므로 잘 알아 둬야 합니다. 같은 용법으로 remember(기억하다)도 활용할 수 있어요. 다음 예문을 보면서 쓰임을 더 익혀 보세요.

- **I forgot to put my key on the kitchen table.**
  식탁에 열쇠를 둬야 하는 걸 깜빡했네.

- **I forgot putting my key on the kitchen table.**
  식탁에 열쇠 놔둔 것을 깜빡했네.

2 It's just smarter to separate public and private.

이 문장에는 두 가지 유용한 표현이 있어요. smarter라는 비교급 형용사 뒤에 'to+동사원형'을 써서 '~하는 게 더 똑똑하다'라는 표현을 했습니다. 그냥 smart를 쓸 때보다 더 강조되면서 생동감이 느껴지는 표현이에요. 그리고 'public and private'은 'public life and private life'을 줄인 것으로, 우리말의 '공과 사'라는 의미입니다. '공과 사를 구분하다'는 'separate public and private'이라고 할 수 있죠.

3 presence

presence는 사전적 의미만 가지고는 실제 회화에서 자유자재로 활용하기 쉽지 않습니다. 어떤 때는 '존재', '존재감'이라고 번역하는 게 더 잘 어울릴 때도 있고, 상황에 따라서는 '카리스마'라는 말이 더 자연스러운 번역이 될 때도 있습니다. 다양한 의미로 쓰인 예문을 보면서 뉘앙스를 익혀 보세요.

- **He increased his presence at work.**
  그는 직장에서 그의 존재감을 높여갔다.

- **Her mere presence bothers me.**
  그녀가 옆에 있는 그 자체로도 신경 쓰여.

- **He has great stage presence.**
  그는 무대에서 굉장히 카리스마가 있어.

4 so much simpler

단순히 simple이라는 형용사를 쓸 때보다 simpler라고 비교급으로 바꾼 후, so much와 같은 부사를 쓰면 하려는 말을 훨씬 더 강조하는 표현이 됩니다. 아래 예문으로 그 차이를 느껴 보세요.

- **Life was simple without social media.**
  소셜 미디어가 없을 때의 삶은 단순했어요.

- **Life was so much simpler without social media.**
  소셜 미디어가 없을 때의 삶이 훨씬 더 단순했어요.

센스 있는 영어 플러스

상대방의 말에 동의하거나 감탄하는 표현

대화를 할 때 항상 강조하는 것 중 하나가 적절하면서 센스 있는 리액션입니다. 활용도가 아주 높은 리액션 표현들을 모아 봤습니다.

1 "당연하죠.", "그럼요."라고 동의/찬성할 때

대표적인 대답 중 하나가 "Absolutely.(그럼요.)"입니다. 상대방이 방금 한 말에 강하게 동의하는 표현으로, 부사 하나에 모든 의미를 담고 있습니다. 이외에도 상대방의 말에 동의하거나 찬성하는 다양한 표현들이 있어요.

- Definitely.
- Exactly.
- Of course.
- Tell me about it.
- I know, right?
- That makes two of us.

2 "정말 대단한데요!"라고 감탄/칭찬할 때

"That's awesome!"은 "정말 대단해요!", "멋져요!"라고 상대의 말에 감탄하거나 칭찬하는 말이에요. 누구나 본인의 말에 동조하면서 감탄하거나, 의견에 대해 칭찬해 주면 기분이 좋죠. 상대방을 기분 좋게 해 주는 대화를 위해 꼭 필요한 표현들이니 아래 문장들도 함께 알아 두세요.

- **That's so cool.**
- **That's so amazing.**
- **That's brilliant.**
- **That's incredible.**
- **That's exciting.**

3 "That's awesome!"과 같은 슬랭(slang) 표현

어떤 표현이든 슬랭 표현은 존재해요. 친한 사이에서 주로 사용하기 때문에 알아 두면 유용하게 쓸 수 있어요.

- **That's wicked.**
- **That's unreal.**
- **That's killer.**
- **That's groovy.** (70, 80년대에 시작되어 유행하게 된 표현)
- **That's rad.** (rad는 radical의 줄임말)
- **That's sick.** (여기서 sick은 좋은 의미로 쓰임)
- **That's dope.**
- **That's lit.** (lit=amazing, cool)
- **That's GOAT.** (GOAT은 "Greatest of All Time"의 줄임말)
- **That's fire.** (fire=hot, trendy, amazing)

여기서 꿀팁

소셜 미디어 관련 축약어

미국 현지에서 아주 흔하게 쓰는 소셜 미디어와 관련된 표현들을 모아 봤습니다. 소셜 미디어를 실제로 하지 않더라도, 이런 표현들은 알아 둬야 다른 사람과 소통이 가능하니 잘 외워 두세요.

FB	Facebook 페이스북	TW	Twitter 트위터
IG	Instagram 인스타그램	DM	Direct message 다이렉트 메시지
LI	LinkedIn 링크드인	PM	Private message 개인 메시지
YT	YouTube 유튜브	RT	Retweeting 리트윗

알아 두면 좋아요

SNS 마케팅과 관련된 표현들

SMM은 Social media marketing(소셜 미디어 마케팅)의 축약어입니다. 요즘은 웬만한 미디어보다 SNS를 통한 마케팅이 효과가 가장 높죠. 소셜 미디어를 활용한 마케팅은 기업뿐 아니라 개인도 손쉽게 이용할 수 있기 때문에 관련 비즈니스 표현들을 알아 두면 유용해요.

- **discovering your SMM competitors** 소셜 미디어 마케팅 경쟁 업체 찾아내기
- **launching SMM Campaigns** 소셜 미디어 마케팅 캠페인 시작하기
- **delving into Instagram** 인스타그램에 깊이 파고들기
- **Niche networks and online communities** 틈새 네트워크와 온라인 커뮤니티
- **applying metrics to the SMM realm**
  소셜 미디어 마케팅 영역에 매트릭스 적용하기
- **must-read blogs** 꼭 읽어야 하는 블로그들
- **setting up Google/Twitter alerts** 구글/트위터의 알람 설정하기
- **monitoring social networks** 소셜 네트워크를 지속 관찰하기
- **running surveys and quantitative research**
  설문 조사와 양적 연구 진행하기
- **creating a Youtube strategy** 유튜브 전략 만들기
- **Viral campaign** 바이럴(입소문) 캠페인

Unit 30

즐겨 보는 미드 이야기하기

I don't want to spoil anything for you.

친한 친구인 팀과 클로이가 최근에 보고 있는 미국 드라마에 대해서 서로의 생각을 이야기하고 있다.

Tim Did you catch the latest episode of *Liar-ville* last night?

Chloe YES, did you? I don't want to spoil anything for you.

Tim I didn't watch it, but I already finished all the books so I already know what's going to happen.

Chloe I heard they might make a movie version of it.

Tim Well, if they do, they need to re-cast the villain role. That TV actress is terrible.

Chloe Definitely, she's so cringey. She's so good on that other show though. I don't get it.

Tim It's just not believable for her to be evil, I guess.

Chloe Yeah, she looks way too innocent to be murdering all those people.

Tim Next week will be a special double episode. I have a bottle of rose ready.

Chloe I'm gonna be all caught up by the weekend so I will join you with my bottle of red.

해석

Tim	어젯밤에 '라이어빌' 최신 편 봤어?
Chloe	당연히 봤지, 너는? 아무것도 스포하기 싫은데.
Tim	못 봤어, 그런데 책을 다 읽어서 다음에 무슨 일이 일어날지 이미 다 알아.
Chloe	어쩌면 영화 버전으로도 나올지 모른대.
Tim	음, 그럴 거면, 악당 역할은 다시 캐스팅해야 할 것 같아. 거기 나오는 여배우는 너무 별로야.
Chloe	맞아, 너무 오글거려. 그 여자가 다른 드라마에서는 진짜 잘했는데. 이해가 안 가.
Tim	그 여자가 악역을 하는 게 별로 신뢰가 안 가는 것 같아.
Chloe	응, 그 많은 사람들을 다 죽이기에는 너무 순진하게 생겼어.
Tim	다음 주에는 특집 2부를 연속 방송한대. 로제 와인을 한 병 준비해 놨어.
Chloe	난 주말까지 밀린 거 다 보고 레드 와인 가지고 너한테 합류할게.

오늘의 표현

1. Did you catch the latest episode of ~?
2. I don't want to spoil anything for you.
3. cringey
4. though
5. a bottle of rose

오늘의 표현 뜯어보기

1 Did you catch the latest episode of ~?

catch가 여러 의미로 쓰이지만, 여기서는 '~을 보다'라는 의미로 쓰였습니다. 단순히 눈으로 보는 행동이 아니라 영화, 책, TV 프로그램 등을 시청한다는 의미입니다. 예문을 보면서 단어의 뉘앙스를 잘 익혀 보세요.

- **Now catch the paperback version of the movie.**
  이제 그 영화가 책으로 나온 것도 사서 봐.

- **Catch *the Sopranos* rerun and see for yourself.**
  '소프라노스' 재방송을 보고 어떤지 네가 직접 판단해.

- **Many Koreans would race home to catch the latest episodes of that show.**
  많은 한국 사람들이 그 드라마의 최신 편을 보려고 집으로 곧장 가곤 했지.

2 I don't want to spoil anything for you.

spoil은 '망치다'라는 동사죠. 드라마나 영화, 소설 등에 대해 얘기할 때 spoil이라는 단어를 쓰면 '다음 내용을 미리 알려서 재미를 망치다'라는 뜻이에요. 명사형은 spoiler(스포일러)라고 하죠.

3 cringey

cringey는 구어체에서만 쓰는 말인데, not cool(좋지 않은), outdated(구식인)와 같은 뉘앙스가 있어요. 우리말로는 '오글거리는'이라는 의미에 가깝습니다. 이렇게 뜻이 딱 떨어지지 않는 표현은 예문을 통해 익히는 것이 효율적입니다. 다음 예문들을 보죠.

○ **Everyone was cringey at middle school.**
중학교 때는 모두가 오글거렸지.

○ **He was acting so cringey I had to leave.**
그 남자는 너무 오글거리게 굴어서 내가 떠나야 했어.

4 though

though를 문장 뒤에 쓰면 아주 자연스러운 구어체 표현이 돼요. '그렇지만', '그래도', '그렇긴 한데'라는 의미로, 딱딱한 문장을 부드럽게 만들어 주는 효과가 있습니다. 다음 예문들을 통해 뉘앙스를 익혀 보세요.

○ **It was too late though.**
그렇지만 이미 너무 늦었어.

○ **It was pretty scary though.**
그래도 좀 무서웠어.

○ **Thanks for the invitation though.**
못 가지만, 그래도 초대해 줘서 고마워.

5 a bottle of rose

'a bottle of rose'는 '로제 와인 한 병'이라는 의미입니다. 구어체에서는 rose wine이라고 쓰지 않고 rose만 써도 와인이라는 것을 알죠. '레드 와인 한 병'은 'a bottle of red'라고 합니다.

센스 있는 영어 플러스

상대방과 공통된 경험으로 공감대 형성하기

대화를 할 때 중요한 것 중 하나는 '상대방과 공유하는 경험을 나누고 공감대 형성하기'입니다. 앞의 대화에서는 팀이 먼저 "어젯밤에 그 드라마 봤어?"라고 말을 걸죠. 요즘 함께 보는 '드라마'라는 요소를 사용하여 대화를 시작하고 있어요. 그러면서 여배우에 대한 공감대를 형성하며 대화를 더 깊게 이어가죠. 상대방과 함께 겪고 있는 경험을 언급하면서 대화의 물꼬를 틀 수 있는 문장 몇 가지를 보여 드릴게요.

- **Wow, this place is packed.**
  와, 여기 사람 정말 많네요.

- **Is it just me, or is it insanely hot in here?**
  저만 그런 거예요, 아니면 여기가 정말 더운 건가요?

- **Did you see that now?**
  방금 그거 봤어요?

- **Wow, the facade is so beautiful.**
  와, 건물 외관이 정말 아름답네요.

- **Have you seen this movie before?**
  이 영화 본 적 있어요?

- **I love the music here. Do you?**
  여기 음악 정말 좋네요, 그렇지 않아요?

- **Do you know anyone here?**
  여기 혹시 아는 사람 있어요?

여러분에게 미션을 드리겠습니다. 공공장소, 특히 사람들이 많은 곳으로 한 번 나가 보세요. 쇼핑몰, 슈퍼마켓 등 어디든 좋습니다. 그리고 돌아다니는 사람들이 공통적으로 느끼고 있는 게 무엇인가를 관찰해 보는 겁니다. 특히 날씨, 온도, 인테리어 등의 공통적인 환경부터 옷, 음식, 서비스 등 개인이 경험하고 있는 것을 구체적으로 보는 거예요. 그런 다음에 대화 상대가 있다면 어떤 공통 주제로 공감대를 형성할지 가상으로 말해 봅시다. 그런 연습이 사람들과 자연스러운 대화를 이끌어 가는 데에 요령이 될 수 있어요.

그리고 중요한 것은 대화를 먼저 시작하고 나면 듣기에 집중해야 한다는 것입니다. 상대방의 보디 랭귀지, 상대방이 흥미 있어 하는 주제를 잘 짚어 내는 기술이 필요해요. 상대방이 어떻게 대답하는지에 따라 질문이나 주제를 바꿔가며 깊이 있는 대화로 이끌어갈 수 있어요.

여기서 꿀팁

형용사와 to부정사로 말하기

1 It's+형용사/명사+(for+목적어)+to부정사

앞의 대화문에 "It's just not believable for her to be evil."이라는 문장이 나왔습니다. 뒤쪽의 to부정사 내용, 즉 'to be evil'이 원래는 주어인데, 영어에서는 주어를 길게 쓰는 것을 선호하지 않기 때문에 의미 없는 It을 주어로 놓고 to부정사를 뒤로 옮겼어요. 그래서 뜻은 "그 여자가 악역을 하는 게 별로 신뢰가 가지 않아."인 것이죠. 이 문장 구조는 원어민들이 정말 자주 쓰기 때문에 꼭 외워 두는 것이 좋아요. 여기서 'for+목적어'는 '의미상 주어'라는 것으로, to부정사를 하는 주체를 말한다는 것도 알아 두세요. 이해하기 쉽게 예문을 더 알아볼게요.

- **It's difficult for me to guess what will happen.**
  무슨 일이 일어날지 예측하는 건 내게 어려워.

- **It's important for you to be careful at all times.**
  너 항상 조심하는 게 중요해.

- **It's rare for us to wear uniforms.**
  우리가 유니폼을 입는 건 드문 일이에요.

- **It's exciting for us to be here.**
  우리가 여기에 있는 건 신나는 일이야.

- **It's an honor for us to work in this lab.**
  저희가 이 연구실에서 일하는 건 영광입니다.

- **It's essential for it to go well.**
  그 일이 잘 되어 가는 것은 매우 중요합니다.

- **It's not necessary for them to work until 3 am.**
  그들이 새벽 3시까지 일할 필요는 없어.

- **It's impossible for John to finish this project within 24 hours.**
  존이 이 프로젝트를 24시간 안에 끝내는 건 불가능해.

- **It's a pleasure for us to have you here.**
  여기에 와 줘서 우린 정말 기뻐.

2 주어+be동사+too+형용사+(for+목적어)+to부정사

일상적으로 매우 자주 말하는 것 중 하나가 "너무 ~해서 …해."라는 표현이에요. 어떤 것을 하기에 무리가 되는 이유를 설명하는 것이죠. 이런 표현은 부사 too를 사용합니다. 주어가 무엇인지 상대와 내가 모두 알고 있다면 주어를 생략할 수도 있고, 그렇지 않다면 주어를 꼭 언급해 줍니다. 다음 예문들을 보면서 문장 구조에 익숙해져 보세요.

- **The coffee is too hot (for me) to drink.**
  커피가 너무 뜨거워서 마시기 힘들어.

- **I am too tired to do my homework.** 너무 피곤해서 숙제를 못 하겠어.

- **He is too young to drive a car.** 그는 운전하기에 아직 너무 어려.

- **It's too early (for me) to go to school.**
  아직 학교 가기엔 시간이 너무 일러.

- **It's too late (for me) to go shopping.** 쇼핑을 가기엔 이미 늦었어.

Unit 31

자녀에 대한 대화

Soon you'll have an empty nest.

에이미와 샘이 오랜만에 만나 서로 안부를 묻고, 그동안 못한 이야기를 시작한다.

Amy	It's so good to see you. It's been too long.
Sam	I know! I'm so glad we could finally get together.
Amy	It's been so hectic in my house. I'm finally back in rhythm now that school restarted.
Sam	How old are your kids now?
Amy	My oldest is in 11th grade and the younger one is in 8th. Can you believe it?
Sam	Wow! Already? I still remember when your older one was in diapers. Soon you'll have an empty nest. Are you ready for it?
Amy	I cannot wait. I just want some peace and quiet. How about you? What's been going on in your life?
Sam	Nothing too exciting. I might be looking into teaching overseas.
Amy	Ooh, that's fun! Tell me more about that.

해석

Amy	정말 반갑다. 엄청 오랜만이지.
Sam	그러게! 드디어 만나게 되다니 너무 좋아.
Amy	집에 일이 진짜 많았거든. 학교가 다시 시작되니까 이제서야 겨우 정신을 좀 차리겠어.
Sam	이제 애들이 몇 살이지?
Amy	큰 애가 11학년이고 작은 애가 8학년이야. 믿겨져?
Sam	와! 벌써? 큰애가 기저귀 차고 있을 때가 아직도 기억나는데. 곧 애들도 다 떠나고 외로워지겠네. 마음의 준비는 됐어?
Amy	너무 좋을 것 같아. 평화롭고 조용하게 좀 살고 싶어. 넌 어때? 무슨 일 없었어?
Sam	별로 재미있는 일은 없어. 해외에서 가르치는 일을 좀 알아보려고.
Amy	와, 재미있겠다! 자세히 얘기 좀 해 봐.

오늘의 표현

1 It's so good to see you.
2 It's been too long.
3 finally get together
4 be back in rhythm
5 empty nest
6 How about you? What's been going on in your life?
7 Tell me more about that.

오늘의 표현 뜯어보기

1 It's so good to see you.

서로 아는 사이에 "얼굴 봐서 좋다."라고 할 때는 동사를 meet이 아닌 see를 쓴다는 것에 주의해야 합니다. "It's so good to see you."는 누구를 만나든 쓰게 되는 문장이니 입에서 바로 나올 때까지 반복 연습하세요.

2 It's been too long.

"Long time no see."를 대체할 수 있는 유용한 문장입니다. "만난 지 오래됐다.", "정말 오랜만이다."라는 의미죠. 비슷한 표현으로 "It's been ages."도 있어요.

3 finally get together

'드디어 뭉치다', '드디어 모이다'라는 말입니다. 오랜만에 만나는 지인 사이에 쓰기 유용한 표현이죠. 실제로 말할 때는 부사 finally를 강조해서 말하는 것이 자연스럽습니다.

4 be back in rhythm

'be back in rhythm'은 직역하면 '리듬으로 돌아오다'라는 뜻으로, '원래의 정상 생활을 되찾다'라는 표현이에요. 이 표현은 사전에도 잘 나오지 않기 때문에 뭉치로 외워 두는 것이 좋아요.

5 empty nest

'empty nest'는 단어 그대로 해석하면 '빈 둥지'인데, '아이들이 성장하고 떠나서 부모만 남은 상황'을 말해요. 실제로 '빈 둥지 증후군'이라는 것이 있는데, 자식들이 다 자라서 집을 비운 후에 허전함과 외로움을 느끼는 부모의 심리 상태를 말하는 것입니다. 'have an empty nest'라고 하면 '빈 둥지가 생기다'라고 직역하기보다는 '아이들이 떠나고 외로워지다'라는 식으로 의역을 해야 자연스러워요.

6 How about you? What's been going on in your life?

상대방이 나의 안부를 물어봐 줬으면, 반대로 나도 상대방의 안부를 물어봐 주는 게 예의겠죠. "너는 어떠니?"라고 물어 볼 때는 "How about you?"라고 말하는 것이 가장 간단합니다. 그리고 다음 문장에서 현재완료진행 시제를 쓴 이유는, 마지막으로 얼굴을 본 지 꽤 되었기 때문이에요. "그동안 너의 삶을 어떻게 지내 왔니?"라고 물어보는 것이죠.

7 Tell me more about that.

상대방에게 관심을 갖고 있다는 것을 느끼게 해 주는 좋은 표현입니다. 대화 속에서 어떤 흥미로운 주제가 나왔을 때 "그것에 대해 더 이야기해 봐."라고 추가 정보를 요구하면서 관심을 표현하는 것이죠.

센스 있는 영어 플러스

오랜만에 만났을 때 안부 묻기

앞의 대화문 마지막에 에이미가 "How about you? What's been going on in your life?"라고 상대방의 안부를 물어보고 있지요. 오랜만에 만난 지인에게 안부를 물어볼 때는 '지금 현재 어떻게 지내는지'만 묻기보다 '과거부터 지금까지 어떻게 지내 오고 있는지'를 물어보는 현재완료 시제를 주로 사용합니다.

예시를 한번 볼게요. 서로 알고는 지냈지만 오랫동안 못 만났던 사이의 스몰토크입니다.

> A So, what have you been up to?
> B The kids and I have been spending a lot of time outside for the spring.
>
> ---
>
> A 어떻게 지냈어요?
> B 봄이라서 애들이랑 야외 활동을 많이 하고 있어요.

이 대화에서의 "What have you been up to?"를 자세히 풀어 쓰면, "What has been going on in your life since I saw you?(마지막으로 내가 널 본 이후로 너의 일상은 어때 왔니?)"라는 의미입니다. 이때 질문을 현재완료(진행) 시제로 했으니, 대답도 시제를 맞춰서 말하는 것이 좋습니다. "What have you been up to?"를 실제로 발음할 때는 blending이라고 해서, 발음이 뭉개지는 현상이 생깁니다. 'what have you'를 [와르뷰]처럼 빠르게 연결해서 발음하죠. 이것이 원어민이 실제 말을 했을 때 알아듣기 어려운 부분이에요. 많이 듣고 직접 연습해 보세요.

이제 두 번째 상황을 가정해 보겠습니다. 오랜만에 우연히 직장 동료 간의 스몰토크입니다.

> A Hi, Jennifer? What a nice coincidence! What's been going on?
>
> B OMG, Sophia! So good to see you. I've been good. I've been getting started on a new project at my new place.
>
> ---
>
> A 제니퍼 아니야? 이렇게 마주치게 되네! (못 본 동안) 뭐 하고 지냈어?
> B 세상에, 소피아잖아! 얼굴 봐서 정말 좋다. 난 잘 지냈어. 새 직장에서 새로운 프로젝트를 시작했어.

또 다른 표현으로 "How have you been?"이 있는데, 원어민은 "How ya been?"이라고 발음을 뭉개서 빠르게 말하는 경우가 많으니 알아 두세요. 오랜만에 만났을 때 꼭 현재완료(진행)시제를 쓰지 않더라도, "What's new with you?", "How's life?" 등의 표현으로 상대방에게 안부를 물어볼 수도 있습니다.

여기서 꿀팁

구동사 look into의 사용

구동사 'look into'는 'look for'나 'look at'과 다르게 '뭔가를 자세히 들여다보는 듯한 느낌'이 듭니다. 전치사 into가 그런 뉘앙스를 높여 주죠. 단순히 보거나 찾는 것을 넘어 '~을 자세히 조사하다'라는 의미로 쓰입니다.

- **David is looking into the cause of the disease.**
  데이비드는 질병의 원인을 조사하고 있다.

- **The fire department is looking into the cause of the fire.**
  소방국은 화재의 원인을 조사하고 있다.

알아 두면 좋아요

약속에서 늦는다고 할 때

약속 시간에 늦는 것은 초면이든 구면이든 실례죠. 그래도 가끔은 늦게 될 때가 있는데, 이럴 때 유용하게 쓸 수 있는 표현을 소개하겠습니다.

- **I'm so sorry, but I'm going to be late. There was trouble with ~.**
  미안하지만 늦을 것 같아. ~에 문제가 있었어. – 교통에 문제가 있는 경우

- **Sorry for keeping you waiting. I'll be there in 15 minutes!**
  기다리게 해서 미안해. 15분 후에 도착할게! – 아주 캐주얼한 표현

- **I'm so sorry for taking up more of your time. Thank you for your flexibility.**
  시간을 빼앗게 되어 죄송합니다. 양해해 주셔서 감사합니다. – 격식을 갖추어야 하는 상황

미국 현지 문화

Happy Hour에 관하여

Happy Hour(해피 아워)는 소비자와 식당 운영자 모두에게 아주 유용한 시간입니다. 보통 저녁 먹기 전 손님이 없고 한가한 시간에 Happy Hour를 운영하는데, 저렴한 가격으로 술과 안주를 제공하는 것이에요. 소비자 입장에서는 저렴하게 지인들과 간식과 술 한잔을 즐길 수 있고, 식당 운영자 입장에서는 비는 시간에 매상을 올릴 수 있어 win-win이죠. 이런 Happy Hour와 같은 마케팅 효과를 영어로 표현하면 'Drive traffic and boost sales(트래픽 증가와 매출 증대)'라고 합니다. 여기서 traffic은 교통과 관련된 것이 아니라 사람들에게 노출되는 것을 의미해요. 소비자들이 오게 해서 매출을 boost(밀어올리다)한다는 의미입니다.

Unit 32

재택근무에 대한 대화

Have you tried to develop your work-from-home routine?

집 앞에서 건너편에 살고 있는 엠마와 마주친 샘. 얼마 전부터 재택근무를 하고 있다고 들어서 일이 어떤지 물어보며 대화를 시작한다.

Sam   Good morning, Emma. Are you going for a run as usual?

Emma   Hey, Sam. Yeah, I'm trying to run but I have no energy today. I feel burned out.

Sam   Why are you feeling burned out?

Emma   It's really hard to stay on track with three kids and two dogs. There are so many distractions at home. I feel like I'm always on work-culture. Work never ends.

Sam   Aww, I'm sorry to hear that. Have you tried to develop your work-from-home routine?

Emma   Well, I am doing my best to efficiently break up my day and shut out the world when I need to focus. Editing is such brainwork.

Sam   Definitely! I also find it hard to have work and life balance. Seems like we both need to create time to unwind. Do you want to drink some red wine this weekend?

Emma   Oh, yes. I'm so glad I'm done with my breastfeeding at least… my maternity leave was pretty long.

해석

Sam	좋은 아침이야, 엠마. 오늘도 뛰는 거지?
Emma	안녕, 샘. 응, 뛰려고는 하는데 오늘은 기력이 하나도 없네. 녹초가 된 느낌이야.
Sam	왜 그렇게 지쳤어?
Emma	애가 셋에 강아지 두 마리와 같이 있으려니, 일을 하기가 너무 힘들어. 집에서는 집중을 방해하는 것들이 너무 많아. 항상 일하고 있는 것 같은 느낌이라니까. 일이 도대체 끝나질 않아.
Sam	아, 힘들겠구나. 재택근무 루틴을 짜 보려고 시도해 봤어?
Emma	뭐, 하루의 시간을 효율적으로 나누고, 집중이 필요할 때 세상과 단절하려고 최선을 다 하고 있어. 편집 일이 진짜 머리를 많이 써야 하거든.
Sam	당연하지! 나도 일과 삶의 균형을 맞추는 게 힘드네. 우리 둘 다 쉴 시간을 만들어야 할 것 같다. 이번 주말에 레드 와인이나 마실래?
Emma	아, 좋지. 그나마 모유 수유라도 끝내서 정말 좋아. 내 출산 휴가가 꽤 길었잖아.

*work and like balance 일과 삶의 균형, 워라밸

오늘의 표현

1. feel burned out
2. It's really hard to stay on track.
3. on work-culture
4. break up my day
5. unwind
6. maternity leave

오늘의 표현 뜯어보기

1 feel burned out

'burned out'은 말 그대로 '다 타버린'이라는 뜻입니다. 그래서 'feel burned out' 또는 'be burned out'이라고 하면 '에너지 소모가 많아 너무 많이 지쳐버린 상태'를 표현합니다. 구어체에서 자주 쓰는 표현이니 기억해 두세요.

2 It's really hard to stay on track.

track은 '사람이 걸어 다녀서 생긴 길', '선로', '경주로'처럼 '정해져 있는 길'을 뜻합니다. 그래서 'on track'이라고 하면 '정해져 있는 길에 있는', 즉 '제대로 잘 진행되는', '원래 해야 할 일을 하는'이라는 의미로 의역될 수 있어요. 본인이 해야 하는 일을 제대로 하기 힘들다는 말로 "It's really hard to stay on track."이라고 할 수 있습니다.

3 on work-culture

hyphen(하이픈)을 써서 명사 두 개를 연결하면 새로운 단어를 만들 수 있습니다. work와 culture를 연결하면 '일하는 문화', '노동 문화'라는 뜻이 되는데, 이 대화문의 문맥에서는 재택근무로 인해 집에 있어도 쉬는 게 아니라 항상 일하는 것 같은 환경이라는 말을 한 거예요.

4 break up my day

여기서 'break up'은 시간을 '나누다', '분배하다'라는 의미입니다. 하루라는 시간을 분배한다는 의미로 이 표현을 사용했어요. 비슷한 의미로 'break up my time'이라고 하면 '(나에게 주어진) 시간을 분배하다'라는 말이 됩니다.

5 unwind

'시계 태엽을 감다'라는 표현으로 wind라는 동사를 씁니다. 반대로 시계 태엽이 풀어지는 것은 unwind라고 하겠죠. 사람이 시계 태엽이 풀어지는 듯한 상태가 된다는 것은 relax, 즉 '긴장을 풀다'의 의미가 됩니다. 재밌는 표현이면서 구어체적인 표현이므로 잘 알아 두세요.

6 maternity leave

mater라는 라틴어의 어원에는 '어머니'라는 뜻이 있어요. 그래서 'maternity leave'라고 하면 '출산 휴가'라는 뜻이 됩니다. 관련된 예문으로 쓰임을 익혀 보세요.

- **My wife has taken 6 weeks of maternity leave, but I'm sure she'll need to take at least a month more.**
  우리 와이프가 6주 출산 휴가 중인데, 적어도 한 달은 더 쉬어야 할 거야.

- **Sorry, she's not in the office, she's on maternity leave.**
  죄송한데, 그분은 출산 휴가 중이어서 사무실에 안 계세요.

센스 있는 영어 플러스

재택근무와 관련된 표현들

'재택근무'라는 표현은 영어로 여러 가지가 있지만, 이 Unit의 대화문에서는 work-from-home이라는 표현을 썼어요. 재택근무를 할 때 필요한 다양한 표현들을 알아보고 필요한 경우에 적절히 사용해 보세요.

1 원격으로 근무한다는 표현

- **I do my job remotely.** 저는 원격으로 일을 합니다.
  = I work remotely/virtually.
  = I telecommute on my job.

- **I enjoy working virtually.** 저는 원격으로 근무하는 것을 선호합니다.

2 재택근무 루틴에 관한 표현

- **I am doing my best to efficiently break up my day.**
  저는 제 하루를 효율적으로 분배하려고 최선을 다 하고 있어요.

- **Do you block out time on your schedule?**
  당신은 일정을 짤 때 시간을 잘 분배하나요?

3 재택근무의 힘든 점에 관한 표현

- **It's really hard to steal a few minutes to do something else.**
  다른 것을 할 시간을 몇 분도 내기가 정말 어려워요.

- **It is really hard to stay on track.**
  일에 집중하기가 정말 힘들어요.

- **I do my best to shut out the world when I need to focus.**
  저는 집중이 필요할 때 세상으로부터 단절하려고 노력해요.

- **I feel like we have blurred lines between personal and professional life.**
  공과 사가 불분명해지는 것 같아요.

- **I have difficulty finding work and life balance.**
  일과 삶의 균형을 찾기가 힘들어요.

- **I feel like I am always on work-culture.**
  항상 일을 하고 있는 것 같아요.

- **I feel really burned out.**
  완전히 녹초가 된 것 같아요.

- **I feel social isolation.**
  사회적으로 고립된 것 같아요.

- **I feel cut off/closed off from the world.**
  세상으로부터 단절된 것 같아요.

여기서 꿀팁

화상 회의에 유용한 표현

재택근무가 많아지면서 화면을 보고 회의를 하는 '화상 회의'도 많아졌습니다. 이런 화상 회의에 유용한 표현들을 알아볼게요.

- **Let's Zoom at [time] on [day].** [며칠] [몇 시]에 줌 미팅을 합시다.

    Zoom은 화상 미팅을 할 수 있는 사이트인데, 워낙 많은 사람들이 사용하다 보니 '화상 회의를 하다'라는 동사로 직접 쓰이고 있어요. Google이 검색 사이트로 유명해진 이후에 "Let's google it.(인터넷으로 검색하자.)"이라고 동사로 쓰게 된 것처럼요.

- **My Internet/connection is unstable.** 지금 제 인터넷 연결이 불안정해요.

    unstable(불안정한)이라는 형용사를 써서 영상이 끊기거나 소리가 잘 안들릴 때 '인터넷 연결이 안 좋다'라는 것을 표현합니다. 비슷한 표현으로는 "I think we have a bad connection."이 있어요.

- **You're frozen.** 화면이 멈췄어요.

    frozen은 '얼어 있는'이라는 뜻이므로, "You're frozen."이라고 하면 화면이 멈춘 상태가 되겠죠.

- **You're on mute.** 지금 마이크가 꺼져 있어요.

    mute는 '말이 없는'이라는 형용사입니다. "You're on mute."라고 하면 "너 말이 없는 상태야."가 아니라 "너 마이크가 꺼져 있어."라는 뜻이라는 것을 기억해 두세요.

알아 두면 좋아요

휴가에 대한 표현

앞에서 '출산 휴가'는 'maternity leave'라고 했습니다. 직장에서 '유급 휴가'를 받는다고 할 때 미국에서는 'paid vacation'이라고 표현합니다. 영국 영어로는 'paid holiday'라고 해요. 반대로 '무급 휴가'라고 하려면 'unpaid vacation'이라고 하면 돼요.

> A How much paid vacation do you get?
> B Just two weeks a year, but I get up to 2 weeks of unpaid as well.
>
> ---
>
> A 너는 유급 휴가를 얼마나 받아?
> B 일 년에 2주밖에 안 되지만, 2주간의 무급 휴가도 받아.

Unit 33

서로의 취미 이야기하기

I love a good bargain.

아이들이 놀고 있는 동안에 학부형 둘이 벤치에 앉아 대화를 시작한다. 취미와 동호회에 대해 정보를 나누고 있다.

Amy	I love your shoes, where did you get them?
Chloe	Marshalls in Manhasset. They always have good stuff there and I love a good bargain.
Amy	That's where I get clothes for my daughter, but I always forget to look for anything for myself.
Chloe	I know, it feels selfish to shop for things I want when I have two young boys. But I always get compliments on these shoes, it makes me feel good about myself.
Amy	They are so cute! I knitted a scarf that's a similar color. I'm gonna bring it for you tomorrow.
Chloe	That's so nice! Knitting is such a great hobby, I wish I could get into it, but I don't know how to start.
Amy	Join my knitting club! We meet every Tuesday and Thursday. You'll love it.
Chloe	That's a great idea, thank you for the invite. I've been testing out a new lemon square recipe, I'll bring it to the next meeting.

해석

Amy 신발 정말 예쁘네요. 어디서 샀어요?

Chloe 맨해셋에 있는 마샬에서요. 거기에는 항상 좋은 물건들이 많은데, 제가 득템하는 걸 정말 좋아하거든요.

Amy 저도 거기서 우리 딸 옷을 사는데, 정작 내 물건 사는 건 항상 깜빡해요.

Chloe 그러게요, 어린 남자애 둘을 키우다 보니 내가 원하는 걸 산다는 게 이기적인 생각이 들어서요. 근데 이 신발을 신으면 항상 칭찬을 받아서, 기분이 좋아져요.

Amy 진짜 예뻐요! 제가 비슷한 색으로 스카프를 짠 게 있어요. 내일 갖다줄게요.

Chloe 정말 고마워요! 뜨개질은 정말 좋은 취미죠, 저도 시작해 보고 싶은데 어떻게 시작해야 할지 모르겠어요.

Amy 우리 뜨개질 동호회에 들어오세요! 매주 화요일, 목요일에 모여요. 정말 좋아하실 거예요.

Chloe 정말 좋은 생각이네요, 초대해 줘서 고마워요. 제가 레몬 스퀘어 레시피를 새롭게 시험하는 중인데, 다음 모임에 가져갈게요.

오늘의 표현

1. good stuff
2. I love a good bargain.
3. knitted / knitting
4. such a great hobby
5. lemon square

오늘의 표현 뜯어보기

1 good stuff

여기서 stuff는 셀 수 없는 명사(불가산 명사)입니다. 그래서 stuffs라는 표현도 없고, 앞에 관사 a를 쓰지 않는다는 것도 알아 두세요. stuff는 사전에서 찾아 보면 '것', '물질', '물건'이라는 의미로 나오는데, 정확히 어떤 사물을 지칭하는 것이 아니라 good stuff(좋은 것), my stuff(내 것)처럼 뭉뚱그려서 표현하는 경우가 많습니다.

2 I love a good bargain.

저렴한, 합리적인 가격으로 좋은 물건을 살 때 원어민들이 자주 쓰는 표현입니다. 'good bargain'은 '싸게 산 물건'이라는 뜻인데, 우리말의 '득템'과 같은 의미로 쓰입니다. 비슷한 표현으로는 "It's the best bang for one's buck."이라는 슬랭도 있어요. 다음의 짧은 대화문을 보시죠.

- A: **Which laundry detergent do you think is better?**
  어떤 세제가 더 나은 것 같아?

  B: **Hmm. I don't know. They look the same to me.**
  음. 모르겠네. 내 눈에는 똑같아 보여.

  A: **This one says that it's the best bang for your buck. I guess we should get this one.**
  이거 완전 득템이네. 우리 이걸로 사는 게 좋겠어.

3 knitted, knitting

북미식 영어 발음에서만 독특하게 발견되는 'Flap T sound'를 짚고 가겠습니다. butter, computer, data 등을 읽을 때 't와 모음이 만나면서 생기는 발음 현상'을 말합니다. 우리말의 'ㄷ(디귿)'도 아니고, 'ㄹ(리을)'도 아닌 부드럽게 혀에 닿고 지나가는 소리입니다. 일종의 연음 현상이죠. 그래서 knitted는 [니릳], knitting은 [니링]처럼 들립니다. 직접 소리 내서 많이 연습해 보세요.

4 such a great hobby

'such+a/an+형용사+명사' 구조의 강조 표현입니다. 명사는 복수형으로 쓸 수도 있어요. 이런 경우 such 뒤의 관사는 빼야 합니다. such는 '매우'와 같은 강조의 의미가 있기 때문에, 뒤에 '형용사+명사'를 넣으면 '매우 ~한 …이다'라는 표현을 할 수 있어요. 몇 가지 예문을 볼게요.

- **He is such a wonderful human being!**
  그는 정말 훌륭한 사람이야!

- **The baby has such beautiful eyes.**
  아이 눈이 너무 예쁘다.

- **I have never drunk such nice coffee in my life.**
  내 평생에 그런 맛있는 커피를 마셔 본 적이 없어.

5 lemon square

square는 '사각형'이죠. 'lemon square'는 브라우니처럼 '네모난 모양의 레몬 케이크'를 말해요. 미국에서 자주 먹는 디저트 중 하나죠.

센스 있는 영어 플러스

칭찬할 때 기본으로 외워 두면 좋은 표현

앞에서도 칭찬으로 대화를 이끌어 가는 것에 대해 많이 배워 봤어요. 지금까지 열심히 공부했다면, 칭찬이 스몰토크에서 얼마나 중요한 부분인지는 다들 알게 됐을 거예요.

다음 문장들은 미국 사람들이 정말 자주 하는 입버릇과 같은 칭찬 표현이에요. 밑줄 친 단어, 즉 칭찬 소재만 상황에 따라 바꿔 주면 됩니다. 옷, 액세서리, 헤어스타일, 피부 등의 외면부터 자전거, 책상 등의 소유물, 기억력, 성격 등의 내면까지 칭찬의 소재는 끝도 없어요. 상대방을 잘 관찰하고 다양한 칭찬으로 스몰토크를 쉽게 시작해 보세요.

- **You look amazing. Where'd you get that shirt?**
  너 멋져 보인다. 그 셔츠 어디서 샀어?

- **I love your hair. It really flatters your face.**
  네 머리 정말 예뻐. 네 얼굴을 돋보이게 해 주네.

- **I love your bookcase. Where'd you get it?**
  네 책장 정말 마음에 들어. 어디서 샀어?

- **Your hair looks so shiny. What product do you use?**
  네 머리 정말 윤기가 흐르네. 무슨 제품 써?

- **That's such a cool hat. You have great taste.**
  진짜 멋진 모자네. 취향이 훌륭하다.

- **What a nice bike! Where'd you get it?**
  진짜 멋있는 자전거다! 어디서 샀어?

- **I really like that desk. It looks great in this office.**
  저 책상 정말 마음에 들어. 이 사무실에서 돋보여.

- **You have a great memory!** 너 정말 기억력이 대단하구나!

- **Great job on the presentation!** 프레젠테이션 정말 잘했어!

- **You're such a hard-working person. I admire you.**
  넌 정말 열심히 일하는 사람이야. 널 존경해.

- **You're always so positive. It always cheers me up.**
  넌 항상 정말 긍정적이야. 날 항상 기분 좋게 해.

추가로 더 알아볼게요. 앞의 직접적인 칭찬 표현 외에, 좀 더 조심스럽고 예의 바르게 칭찬할 때 쓸 수 있는 표현들을 모아 봤어요. 격식을 갖춰야 하는 대화에서 유용하게 사용할 수 있어요.

- **I'd like to tell you that…** …라는 말씀을 드리고 싶어요.
  = I wanted to say/mention that…

- **I've been meaning to mention that…** …라고 얘기하려고 마음먹고 있었어요.

- **I've been thinking that…** …라고 생각하고 있었어요.

- **I noticed that…** …를 알아채고 있었어요.

위 표현에서 that 뒤에 구체적인 칭찬 내용만 넣어 주면 됩니다. 예를 들어, 직장 동료가 항상 침착하게 미팅에 임하는 모습에 감탄을 했다면, 이렇게 말해 보세요. "I noticed that you were able to stay so calm in the meeting. What's your secret?(저는 당신이 미팅에서 항상 침착한 태도를 유지할 수 있다는 걸 알아채고 있었어요. 비법이 뭐예요?)"

여기서 꿀팁

칭찬을 받고 피해야 하는 대답들

앞에서도 배웠지만, 누군가에게 칭찬을 받았을 때 되도록이면 피하는 게 나은 대답들이 있어요. 다음 문장들을 보세요.

- **No, I'm not. / Not really. / It was nothing. / It wasn't that hard.**

위 답변들의 공통점은 상대방의 칭찬을 부정하는 듯한 의미가 담겨 있습니다. 우리나라에서는 이런 말을 '겸손'이라고 생각하지만, 미국에서는 칭찬해 준 사람에게 실례가 될 수도 있어요. 칭찬해 준 사람에게 반대로 감사의 표시를 하면서 "시내에 있는 백화점에서 샀어."처럼 추가 정보도 함께 말해 주는 것이 좋은 답변입니다. 억양을 조금 높여서 오버하듯이 말하면 칭찬해 준 상대방도 흐뭇해진답니다.

소유물이나 스타일에 대한 칭찬을 받았을 때 긍정적이면서도 센스 있게 대답하는 예문을 보시죠.

- **Thanks! I inherited my sense of style from my mother.**
  고마워! 우리 엄마한테 패션 센스를 물려받았어.

- **I'm glad you noticed. I've watched a lot of cool YouTube videos to get it right.** 알아봐 줘서 고마워. 제대로 하려고 멋진 유튜브 영상들을 많이 봤어.

- **I appreciate that. My wife has a good eye for design.**
  감사합니다. 제 아내가 디자인에 감각이 있어요.

직장에서 성공적으로 업무를 마무리하고 동료에게 칭찬 받았을 때의 대답도 팁으로 알려 드릴게요.

- **Thanks. I couldn't have done it without you.**
  고마워. 네가 없었으면 할 수 없었을 거야.

- **I appreciate that. The rest of the team helped a lot.**
  감사드립니다. 다른 팀원들이 많이 도와주셨어요.

- **Thanks so much. I'll pass along the compliment to [사람 이름]. She was really involved throughout the process.**
  정말 고마워요. [사람 이름]에게 이 공로를 넘길게요. 그분이 모든 과정에 많이 관여해 줬어요.

알아 두면 좋아요

간접적인 칭찬하기

이번 Unit에서 칭찬을 제대로 하는 방법도 배웠고, 칭찬을 받았을 때 센스 있게 대답하는 법도 배웠어요. 이번에는 간접적인 칭찬(Indirect Compliments)을 하는 방법을 알려드릴게요. 대화의 상대방이 아니라 그 사람의 가족, 애완견 등 주변에 대한 칭찬을 잘 하면, 본인에 대한 칭찬을 들었을 때보다 더 기분 좋아할 수 있어요. 예문으로 같이 보세요.

- **Your son is such a good student. Congratulations on raising him well!** 아들이 정말 착한 학생이네요. 아이를 잘 키우신 것 축하드려요!

- **Your girlfriend is so friendly! Everyone loves talking to her.**
  네 여자친구 정말 착하다! 모두가 그녀와 대화하는 걸 좋아해.

- **Your dog is adorable! What breed is he?**
  강아지가 사랑스러워요! 무슨 종이에요?

Unit 34

운동 동기 부여하기

Wow, look at this muscle definition!

친구 사이인 엠마와 존이 오랜만에 만나 대화를 시작한다. 열심히 운동을 한 것 같아 보이는 존의 몸을 보니, 엠마도 갑자기 운동에 자극을 받아 이것저것 물어본다.

Emma Wow, look at this muscle definition! How often do you work out?

John I try to make it to the gym 4-5 times a week.

Emma I used to have a personal trainer. Do you teach at all?

John I've trained a few of my friends, but nothing serious. Do you want some help?

Emma That would be great! I need the motivation to start getting fit again.

John Honestly, that's the hardest part. Once you start seeing results, you'll be hooked.

Emma How about an hour 3 times a week for now? Charge me whatever.

John I'm not a professional so how about $25 an hour?

Emma Deal! I'll Venmo you.

해석

Emma 와, 너 근육 좀 봐! 얼마나 자주 운동해?

John 일주일에 4-5번은 헬스장에 가려고 노력해.

Emma 전에는 나도 개인 트레이너가 있었거든. 너 가르치기도 해?

John 친구들 몇 명을 가르친 적은 있지만, 진지하지는 않았어. 도와줄까?

Emma 그럼 너무 좋지! 다시 몸을 만들기 시작할 동기 부여가 필요해.

John 솔직히, 그게 제일 힘든 부분이야. 그래도 일단 결과를 보기 시작하면, 중독될 거야.

Emma 당장은 일주일에 3번 어떨까? 돈은 마음대로 청구해.

John 난 프로는 아니니까 한 시간에 25달러 어때?

Emma 좋아! 내가 벤모로 돈 보낼게.

오늘의 표현

1. muscle definition
2. try to V
3. used to V
4. fit
5. Venmo

오늘의 표현 뜯어보기

1 muscle definition

definition의 사전적 의미인 '정의', '묘사'라는 뜻만 알고 있다면, 이 표현은 이해가 잘 되지 않을 거예요. '근육 정의'라는 정말 이상한 해석이 되고 말죠. 여기서는 '근육이 아주 잘 보이는 상태(선명도)'를 말합니다. 조각과 같은 근육의 형태가 잘 보일 때 이 표현을 쓴다는 것을 유념하세요.

- **You have really good muscle definition.**
  너 정말 멋진 근육 라인을 가지고 있구나.

- **It's hard to get muscle definition until you lose weight.**
  몸무게를 줄이기 전까지는 멋진 근육 라인을 보기가 힘들지.

2 try to V

여기서는 'try to V'와 'try -ing'의 의미 차이를 알아보겠습니다. 많은 학생들이 한 번쯤은 질문하는 표현인데, try 뒤에 'to+동사원형'이 오는 것과 '동명사(-ing)'가 오는 것은 의미가 완전히 다릅니다. 'try to V'는 '~을 이루려고 노력하다'라는 의미이고, 'try -ing'는 '시험 삼아 한번 ~해 보다'라는 의미예요. 다음 예문들을 보면서 그 차이를 확실히 이해해 보세요.

- **I try to be fair with my three kids.**
  나는 내 아이 셋에게 공평하게 대하려고 노력해.

- **Try stretching every 30 minutes to relieve the stiffness.**
  뻣뻣한 느낌을 완화하기 위해서 30분마다 스트레칭을 한번 해 보세요.

3 used to V

'used to V'와 'be/get used to -ing'를 헷갈리는 경우들이 많아서 이 부분도 짚고 넘어가겠습니다. 'used to V'는 '과거에 ~하곤 했다'라는 의미로 쓰이고, 'be/get used to -ing'는 '~에 익숙해지다'라는 의미로 쓰입니다.

4 fit

fit은 동사, 형용사, 명사로 다양하게 쓰이는 단어예요. 동사로 쓰일 때는 '~에 딱 맞다'라는 의미이고, 형용사로 쓰일 때는 '딱 맞는'이라는 의미도 있지만, 몸이 '건강한', 즉 'in good shape'의 의미로 많이 쓰여요. 명사로는 '적격', '딱 맞는 것'이라는 뜻이 됩니다. 앞의 대화문에서는 형용사 '건강한'이라는 의미로 쓰였죠.

5 Venmo

앞의 대화문에서 Venmo가 어떻게 사용되는지 눈치채셨나요? Google, Zoom에서 봤던 것처럼 고유명사(회사명)가 너무 유명해지고 자주 쓰인 나머지 아예 동사로 쓰여지는 경우예요. Venmo는 미국의 금융 관련 앱이에요. '송금하다'라는 표현을 Venmo로 대체해서 말했죠. 아주 원어민스러운 현지 표현이랍니다. 다음 예문들을 보면서 쓰임을 익혀 보세요.

- **I will Google it.** 내가 구글로 검색해 볼게.

- **Let's Zoom tonight.** 오늘 밤에 줌 회의합시다.

- **I'll Venmo you!** 내가 벤모로 돈 보낼게!

센스 있는 영어 플러스

질문으로 스몰토크 길게 이어 가기

앞 대화문에서 보면 "How often do you work out?", "Do you teach at all?", "Do you want some help?" 등으로 끊임없이 질문이 나옵니다. 앞에서도 여러 번 언급했듯이, follow-up question은 스몰토크에서 빠질 수 없는 중요한 대화 기술이에요. 자녀를 두고 있는 친구끼리의 대화를 예시로 보겠습니다.

A **How's the family?**

B All good. The kids are growing up fast.

A I know! **You have two boys, right?**

B Yeah, Nathan and Chase.

A That's right! **How old are they now?**

B Nathan is 10 and Chase is 6.

A **Seriously?**

B Yeah. Time flies.

A 가족들은 잘 지내?

B 모두 잘 지내. 애들이 정말 빨리 커.

A 그러게 말이야! 아들이 둘이었지?

B 응, 네이선이랑 체이스.

A 맞다! 이제 몇 살이지?

B 네이선은 10살이고 체이스는 6살이야.

A 벌써?

B 응. 시간이 정말 빨라.

여기서 보면, "How's the family?"로 스몰토크의 물꼬를 트고 있어요. 오랜만에 만난 친구 사이라면 가족의 안부를 물어보는 것도 기본 예의랍니다. 그리고 "You have two boys, right?", "How old are they now?"로 follow-up question을 하고 있어요. 이후에는 상대방이 반대로 "How about you?(너는 어때?)", "How old are yours now?(네 아이들은 지금 몇 살이야?)" 등으로 물어보면서 대화를 길게 이어 갈 수 있습니다.

추가로 자녀에 대해 물어볼 때 쓸 수 있는 표현을 몇 개 더 알아볼게요. 이렇게 주제와 연결된 다양한 질문들이 대화에 도움이 많이 되니 잘 알아 두세요.

- **What grade is your son in now?**
  지금 네 아들은 몇 학년이야?

- **Which school do they go to?**
  애들이 어느 학교에 다녀?

- **Are they still into football?**
  아이들이 아직도 풋볼 좋아해?

여기서 꿀팁

'be/get hooked on' 원어민처럼 사용하기

'be/get hooked on ~'은 현지에서 정말 많이 쓰는 표현이에요. '~에 꽂히다', '~에 중독되다', '~에 빠져 있다' 등의 의미가 있어요. addictive(중독성의)라는 형용사보다 훨씬 더 묘사적이고 재미있는 표현이죠. hook은 '낚싯바늘'이나 '갈고리' 같은 것을 의미하므로, 어떤 것에 낚여서 헤어나지 못하는 상태를 의미하는 거예요. 다음 예문들을 통해서 쓰임을 확실히 익혀 보세요.

○ **Once you taste it, you'll be hooked on it.**
일단 한 번 맛을 보면, 완전 중독될 거야.

○ **Silvia's nephew seems to be hooked on computer games.**
Silvia의 조카는 컴퓨터 게임에 완전 빠져 있는 것 같아.

○ **My kid is so hooked on dinosaurs these days.**
우리 애는 요즘 공룡에 너무 빠져 있어요.

○ **I got really hooked on his book.** 난 그의 책에 완전히 꽂혔어.

○ **My brother is actually the one who got me hooked on UFC in the first place.**
실은 애초에 제가 UFC에 꽂히게 만든 장본인은 바로 제 형이에요.

'be/get hooked on ~'의 사용법에 감이 잡혔다면, 비슷한 표현으로 'be into ~'가 있다는 것도 알아 두세요. 'be into ~'를 활용한 예문을 보겠습니다.

○ **My boyfriend is really into shopping and fashion but I hate it.**
내 남자친구는 쇼핑과 패션을 정말 좋아하는데, 나는 싫어해.

○ **I'm really into K-Pop music.** 난 K-Pop 음악에 정말 빠져 있어.

미국 현지 문화

미국에서 Venmo, Zelle 사용하기

앞에서 설명한 것과 같이, Venmo는 금융서비스를 이용할 수 있는 앱이에요. 한국의 송금 앱과 비슷한 기능들을 가지고 있어요. 온라인으로 송금할 때 아주 유용한 앱입니다. 돈을 보내는 기능만 있는 것이 아니라, 반대로 돈을 요청(request)하는 기능도 있답니다. 워낙 미국에서 흔하게 쓰이고, 자주 사용되기 때문에 Venmo라고만 해도 'Venmo로 돈을 송금하다'라는 표현이 돼요. 그리고 은행 앱 안에서 돈을 간편하게 송금하는 기능이 있는데, 이것을 Zelle이라고 한답니다. 수수료가 없고, Venmo와 달리 고액 송금도 가능해서 필수로 알아 둬야 하는 기능이에요.

Unit 35

다이어트 식단에 관한 대화

I want to lose fifteen pounds.

친구 존에게 개인 트레이닝을 받기로 한 엠마. 존과 다이어트 목표와 식단에 대해 대화를 한다.

John What are your fitness goals?

Emma I want to lose fifteen **pounds**.

John Weight loss is mostly diet. Download an app that counts your calories for you. You just input whatever you ate during the day. I use 'My Fitness Pal' to **keep track**.

Emma I can do that. What kind of food do you recommend?

John **I eat very clean.** It's a lot of grilled chicken and broccoli. And water! **Cut out** sugar as much as possible.

Emma **I'm ready for** this lifestyle change! Thanks for taking me as a student. I'll make you proud!

John Sounds great. You can do it! I believe in you. Check out fitness channels on YouTube. I watch Tom DeLauer's videos **religiously**. His channel is so helpful.

해석

John 너의 피트니스 목표가 뭐야?

Emma 15파운드를 빼고 싶어.

John 체중 감량은 대부분 식이 요법이 좌우해. 칼로리를 계산해 주는 앱을 다운로드 받아 봐. 하루 동안 먹는 음식 정보를 그냥 넣기만 하면 돼. 나는 기록하려고 '마이 피트니스 팰'이라는 앱을 써.

Emma 그건 할 수 있지. 음식은 어떤 걸 추천해?

John 난 좋은 음식만 먹어. 구운 닭과 브로콜리를 많이 먹어. 물도 중요해! 될 수 있는 한 설탕을 최대한 자제하고.

Emma 난 라이프 스타일을 바꿀 준비가 됐어! 학생으로 받아 줘서 고마워. 자랑스러운 학생이 될게!

John 좋았어. 넌 할 수 있어! 난 네가 잘할 거라고 믿어. 유튜브에 관련 채널도 확인해 봐. 난 톰 드라우어라는 사람의 비디오를 열심히 봐. 그 사람 채널이 정말 도움이 많이 되거든.

*Tom DeLauer 유명 건강 코치이자 유튜브 인플루언서

오늘의 표현

1. pounds
2. keep track
3. I eat very clean.
4. cut out ~
5. be ready for ~
6. religiously

오늘의 표현 뜯어보기

1 pounds

미국에서는 무게 단위가 pound(파운드)이기 때문에, kilogram(킬로그램)을 쓰는 한국 사람들이 헷갈리기 쉬워요. 단위는 kilogram은 kg, pound는 lb라고 써요. kg을 pound로 빠르게 환산하려면 2.2를 곱하면 됩니다. 즉, 50kg은 약 110lb가 되겠죠. 참고로, pound는 가산명사이기 때문에 a pound를 넘어가면 pounds라고 써 줘야 합니다.

2 keep track

track은 '길', '발자국'이라는 말이에요. 그래서 'keep track'은 '길을 따라 추적하다'라는 뜻인데, 여기에서 파생되어 '기록하다', '계속 파악하다'라는 의미로 쓰여요. 어떤 것을 기록하는지 언급하려면 뒤에 of와 함께 대상을 쓰면 됩니다. 예문을 보시죠.

- **Keeping track of attendance is not an easy matter for schools.**
  학생들의 출석을 파악하는 게 학교들에게는 쉬운 문제가 아니다.

3 I eat very clean.

"I eat very clean."을 "난 아주 깨끗이 먹어."라고 해석하면 안 돼요. 여기서는 clean을 '건강하게'라는 의미로 해석해야 합니다. 'clean food'는 '몸에 좋은 음식'이 되겠죠. 이렇게 사전에 있는 의미로만 해석해서는 말이 통하지 않는 경우가 종종 있으니, 숨은 뜻을 잘 파악하는 것이 중요해요.

4 cut out ~

여기서 'cut out'은 '자르다'가 아니라 '줄이다'라는 뜻이에요. 대화문에서 'cut out sugar'라고 했으니, '설탕 (섭취)를 줄이다'라는 말이 되겠죠. 참고로 'as much as possible'은 '할 수 있는 만큼 최대한'이라는 뜻입니다.

5 be ready for ~

'~할 준비가 되다'라는 뜻의 표현이죠. 여기서 주의해야 할 것은, 무엇에 준비되었는지 말할 때는 전치사 for을 쓴다는 것입니다. 그리고 for 뒤에는 명사나 동명사(-ing)가 와야 합니다.

- **Are you ready <u>for</u> it?** 준비 됐어?

- **What do you need to be ready <u>for</u>?** 네가 어떤 걸 준비해야 하는데?

6 religiously

여기서 religiously는 '종교적으로'의 뜻이 절대 아닙니다. 종교적으로 생각될 만큼 '정성을 들여 정기적으로 열심히' 한다는 의미예요. 원어민들이 자주 쓰는 부사입니다. 예문을 보시죠.

- **He visits his mother <u>religiously</u> every week.**
  그는 정기적으로 매주 어머니를 찾아 뵌다.

- **You need to massage your wound <u>religiously</u> for 3 months to minimize the scarring.**
  흉터가 남는 걸 최소화하려면 적어도 3개월간은 꾸준히 상처 부위를 마사지 해 줄 필요가 있다.

센스 있는 영어 플러스

believe와 believe in 제대로 사용하기

believe는 '~라고 믿다', '~를 신뢰하다'라는 의미를 가진 동사입니다. 이 단어에 전치사 in이 붙어서 believe in이라고 하면 의미가 달라집니다. 크게 '~의 존재를 믿다', '~의 가치를 믿다', '~의 능력을 믿다' 이렇게 세 가지 의미로 표현돼요. believe와 believe in 각각의 의미별로 예문을 살펴 보면서 쓰임을 익혀 보세요.

1 believe

- **I believe he called me a little before 3:00 am.**
  새벽 세 시 좀 전에 그가 나한테 전화했던 게 확실한 것 같아.

- **John did not believe the private sector was the only solution.**
  존은 사기업/민영부분 영역이 단 하나의 해결책이라고 믿지는 않았다.

- **Katie says she'll help us, but I don't believe what she says.**
  케이티가 우리를 도와줄 거라고 하는데, 난 그 여자가 하는 말은 안 믿어.

- **If you don't believe me, then believe an expert.**
  날 못 믿겠으면, 그럼 전문가 말을 믿어.

2 believe in의 '~의 존재를 믿다'

- **I believe in Santa.**
  난 산타가 있다고 믿어.

- **I don't believe in God.**
  난 신의 존재를 믿지 않아.

- **My mom believe in ghosts.**
  우리 엄마는 귀신이 있다고 믿으셔.

- **I believe in miracles.**
  난 기적이 존재한다고 믿어.

3 believe in의 '~의 가치를 믿다'

- **I believe in traditional marriage.**
  난 전통적인 결혼에 대한 가치를 믿어.

- **I believe in the moral integrity of human beings.**
  난 인간의 도덕적인 통합성을 믿어.

4 believe in의 '~의 능력을 믿다'

- **You need to believe in yourself for self-confidence.**
  자신감을 위해서, 너 자신의 능력을 믿어야 해.

우리말로는 '믿다'라는 단어로 주로 쓰이기 때문에, 진짜 미묘한 뉘앙스의 차이는 예문을 많이 보는 것이 좋아요. 이 문장들을 잘 기억해 두고, 의미에 맞게 사용해 보세요.

알아 두면 좋아요

Gym, Fitness center, Health club은 같은 말일까?

영어를 배우다 보면 Gym, Fitness center, Health club을 모두 들어 봤을 거예요. 이 세 표현이 다 비슷하게 느껴져서 가끔 혼용해서 쓰기도 하지만, 사실은 조금씩 다른 점이 있습니다. 각각의 차이점을 알아볼게요.

먼저 Gym은 고대 그리스의 'gymnasium'이라는 단어에서 유래된 말이에요. 현재는 다양한 운동 기계와 기구를 갖춘 '실내 운동 장소'를 지칭하는 말이 됐어요. weight lifting/training과 유산소 운동을 모두 할 수 있는 곳이죠. 한국에서 '헬스클럽'이라고 부르는 곳이 이 gym이라고 생각하면 됩니다. 개인 트레이너와 1대1 수업을 전문적으로 하는 곳이 대부분이에요.

반면 Fitness center는 취미로 운동을 하는 사람뿐 아니라 프로 운동 선수도 이용할 수 있는 FULL-BODY FITNESS 센터라고 볼 수 있습니다. Gym보다 규모가 크고, 수영장, 골프 코스, 러닝 트랙 등의 실외 운동 시설도 다양하게 있어요. 그룹 수업과 개인 트레이닝이 모두 있고, 물리 치료, 사우나, 주스 바, 스낵 바 등 다양한 서비스와 휴식 공간을 갖고 있는 경우가 많아요.

마지막으로 Health club은, Gym보다는 Fitness center 쪽에 더 가깝다고 볼 수 있어요. 다만 체력 단련보다는 '웰빙'의 개념에 더 초점을 두는 게 차이입니다. Health club은 Gym과 Fitness center 두 가지의 특징을 모두 갖고 있기 때문에, 세련되고 고급스러운 Fitness center를 Health club로 분류하는 경우도 많습니다. 일반적으로 한국에서 생각하는 '헬스클럽'과는 좀 다른 개념이죠.

이 세 가지의 차이를 확실히 이해하고 앞으로 사용할 때는 잘 구분해서 말해 보세요.

여기서 꿀팁

clean food란?

'Clean food'는 다른 말로 'Healthy food'라고도 할 수 있어요. 건강에 유익하고 몸을 깨끗하게 해 주는 음식을 의미합니다. 채식 식단이 대표적이고, 너무 기름지거나 가공된 음식을 배제한 식단들을 주로 이야기해요. 반대말은 'Junk food'라고 합니다. 대표적으로 햄버거, 피자, 도넛 등을 이렇게 부르죠. 건강에 관련된 다른 기본 표현도 같이 알아볼게요.

- **exercise daily**
  매일 운동하다

- **increase your metabolic rate and burn fat**
  신진대사율을 높이고 지방을 소모하다

- **sleep better**
  잠을 더 깊이 잘 자다

- **keep a regular sleep schedule**
  규칙적인 수면 스케줄을 지키다

- **maintain a healthy weight**
  건강한 몸무게를 유지하다

- **limit the intake of sugary drinks**
  당분이 많은 음료 섭취를 제한하다

- **limit the intake of processed foods**
  가공 식품의 섭취를 제한하다

- **take a deep breath and relax**
  심호흡을 하고 안정을 취하다

Unit 36

구체적인 운동 루틴 짜기

I also want to build up my endurance.

존과 첫 운동 세션을 끝낸 엠마. 둘은 운동에 관해 더 깊은 대화를 나누며 구체적으로 운동 루틴을 짜기 시작한다.

Emma I also want to **build up my endurance**. I used to run track in school.

John Do you want to **do cardio** with me or on your own?

Emma I can do that on my own. I need you to help me **figure out** how to use all the machines.

John I split up my workouts into different muscle groups— back and bis, chest and tris, legs and shoulders, abs every day. Then I'll mix it up and do back and chest, bis and tris because I want to **target each muscle group** at least twice a week.

Emma It sounds definitely effective! One workout with the machines, the next with **free weights**.

John Yes, on top of the training, I always listen to good fitness-related books and magazines on Podcast or Audible while I'm driving. It definitely helps!

Emma I want to be as **health-conscious** as you are!

해석

Emma 나는 지구력도 키우고 싶어. 예전에 학교에서 육상을 했었거든.

John 유산소 운동을 같이 할래, 아니면 혼자 할래?

Emma 혼자 할 수 있어. 이 기구들을 다 어떻게 쓰는지 알 수 있게 도와주면 돼.

John 나는 근육 부위별로 매일 운동을 다르게 해. 등과 이두근, 가슴과 삼두근, 다리와 어깨, 복근, 이런 식으로. 그런 다음에 다시 부위들을 섞어서 등과 가슴, 이두와 삼두 이렇게 운동해. 왜냐하면 각 근육 부위를 일주일에 적어도 두 번은 목표로 잡고 싶거든.

Emma 확실히 효과적일 것 같아! 한 번은 기구로 하고, 다음은 덤벨 운동을 하고.

John 맞아, 트레이닝 외에도, 나는 운전할 때 항상 Podcast나 Audible로 피트니스 관련된 좋은 책이나 잡지를 들어. 정말 도움이 돼!

Emma 나도 너처럼 건강에 대한 의식을 높이고 싶어!

오늘의 표현

1. build up one's endurance
2. do cardio
3. figure out
4. target each muscle group
5. free weights
6. health-conscious

오늘의 표현 뜯어보기

1 build up one's endurance

endure는 '참다', '견디다'라는 동사인데, 이 동사의 명사 형태인 endurance는 사전을 검색해 보면 '참을성', '인내'라고만 나올 거예요. 이 의미에서 더 나아가 '지구력'이라는 뜻으로도 사용된다는 것을 꼭 외워 둬야 제대로 활용할 수 있어요. '~을 높이다'라는 뜻의 'build up'과 함께 써서 'build up one's endurance'라고 하면, '~의 지구력을 키우다'라는 표현이 된답니다.

2 do cardio

do는 원어민들이 정말 많이 쓰는 동사인데, 상대적으로 배우는 입장에서는 조금 어렵게 느낄 수 있어요. swim(수영하다), ski(스키를 타다), run(달리다)처럼 운동을 동사형으로도 쓸 수 있는 단어 외에는, 대부분 do를 붙여서 말하면 '어떤 운동을 하다'라는 표현이 됩니다. do cardio(유산소 운동을 하다), do yoga(요가를 하다), do pilates(필라테스를 하다)처럼요. 대신 tennis나 football처럼 승패를 가리는 경기를 하는 경우에는 동사 play를 쓴다는 것도 함께 알아 두세요.

3 figure out

'figure out'은 뜻이 많은 동사구예요. '알아내다', '계산해 내다', '생각해 내다', '이해하다' 등 문맥에 따라 다양하게 해석되죠. 여기서는 '이해하다'의 의미에 가깝습니다. 좀 더 구체적으로 말하면 '의지나 노력을 통해 생각과 고민의 과정을 지나 어떤 것을 이해하고 습득하다'라는 뜻입니다. 비슷한 의미의 'find out'은 '어떤 정보를 찾아내거나 우연히 뭔가를 발견했을 때' 쓰는 표현이므로 쓰임이 다르다는 것을 제대로 알아야 해요.

4 target each muscle group

target은 '목표[표적]로 삼다', '겨냥하다'라는 의미입니다. 여기서 어떤 근육 부위에 집중한다고 말할 때 'focus on each muscle group'이라는 표현을 써도 되지만, target으로 '특정 부위만 겨냥하다', '특정 부위를 목표로 삼다'라고 말해도 좋은 표현이 됩니다.

5 free weights

Gym에서 운동할 때 자주 들을 수 있는 단어입니다. '머신 운동(machine training)'과 상반된 표현으로, '머신 운동'은 안정된 자세가 유지되지만 가동 범위가 제한적인 것에 반해, 덤벨, 바벨, 케틀벨 등을 이용한 'free weights 운동'은 자유롭게 가동 범위를 조절할 수 있어요. 예문을 보시죠.

- **Using free weights is the best way to strengthen your muscles, burn calories, and build a better body.**
  덤벨 운동은 근육을 강화하고, 칼로리를 태우고, 몸을 더 잘 만드는 데에 최고이다.

6 health-conscious

'건강에 대해 의식 수준이 높은' 정도로 해석할 수 있어요. 어떤 명사 뒤에 '-(hyphen)'을 쓰고 conscious(의식이 있는)라는 형용사를 붙이면, '~에 굉장히 신경 쓰는', '~에 의식이 있는'이라는 뜻이 됩니다.

센스 있는 영어 플러스

피트니스와 관련된 다양한 표현

1 Work out

work out은 '운동하다', '트레이닝하다'라는 말로, Gym에서 건강을 위해 운동하는 것을 의미합니다.

- **I work out three times a week.** 난 일주일에 세 번 운동해.

2 Warm up

warm up은 말 그대로 '열을 올리다'라는 의미로 쓰이는데, 운동과 관련해서는 '몸을 풀다', '준비 운동을 하다'라는 말이 됩니다.

- **We need to warm up our muscles a little to avoid injuries during your workout.**
  운동 중 부상을 방지하기 위해서 근육을 좀 풀어 줄 필요가 있다.

3 Cool down/Slow down

cool down은 '운동 강도를 서서히 낮추다', slow down은 '운동 속도를 늦추다'라는 뜻으로, 운동을 마무리할 때 많이 쓰는 표현입니다.

4 Pump

여기서의 pump는 명사 형태로 쓰고, 말 그대로 '펌프'라는 뜻이에요. 이 표현은 운동을 많이 해서 근육이 순간적으로 부푼 것 같은 느낌이 들 때 쓰는 말입니다.

- **Research shows you don't need to get a pump to build muscle.**

  연구에 따르면 근육을 키우기 위해 펌프가 있을 필요는 없다고 한다.

5 Juice

juice는 '스테로이드 약물'의 슬랭 표현이에요. 스테로이드는 운동 효과를 높이고 근육이 빨리 성장하도록 도와주기 때문에 운동하는 사람들이 종종 사용하는데요, 그만큼 부작용도 심각하다고 하니 항상 조심해야 합니다.

- **If you hear someone say they are on "juice," they're talking about steroids.**

  어떤 사람이 "주스"를 먹는 중이라고 하면, 스테로이드를 이야기하는 거야.

6 Jacked

jacked는 '근육질인'이라는 뜻으로, 어떤 사람이 정말 근육질의 몸을 가지고 있을 때 사용할 수 있어요.

- **That guy is jacked!** 저 사람 진짜 근육질이다!

7 Ripped/Cut

어떤 사람의 체지방량이 매우 낮아서, 잔 근육까지 라인이 확실히 보일 때 이 표현들을 사용합니다.

- **That guy is ripped!** 저 남자 근육 라인 좀 봐!
- **I can see the cuts in your legs.** 너 다리 근육 라인 하나하나가 다 보여.

여기서 꿀팁

몸의 근육을 지칭하는 표현들

운동을 제대로 하려면 다양한 근육 부위를 영어로도 알아 두는 것이 좋겠죠. 각 근육을 지칭하는 말들을 알아보겠습니다. 앞의 대화문에서는 줄임말로 나왔기 때문에 원래 단어도 함께 기억해 두세요.

- **biceps(bis)/triceps(tris)** 이두근/삼두근
- **abdominals(abs)** 복근
- **quadriceps(quads)** 허벅지 앞쪽 근육
- **hamstrings(hams)** 허벅지 뒤쪽 근육 (귀엽게 hammies라고도 함)
- **glutes** 엉덩이를 세련되게 표현하는 말
- **core** 몸통을 지칭하는 말

알아 두면 좋아요

set와 rep의 차이는 뭘까?

운동할 때 꼭 필요한 단어 중에 set와 rep가 있습니다. set는 우리말로도 '세트'이므로, '어떤 동작을 몇 세트 한다'라고 할 때 사용하는 거예요. rep는 '반복'이라는 뜻의 repetitions의 줄임말입니다. 같은 동작을 반복한다는 뜻으로, 예를 들어 "10 reps of body-weight squat"라고 하면 스쿼트 동작을 10번 반복하라는 뜻입니다. 만약 "Two sets of 15 reps"라고 한다면, '어떤 동작을 15번씩 2번 한다'는 뜻이 됩니다. 총 30번을 하는 거죠. 근력 운동을 할 때 꼭 알아야 하는 단어들이므로 기억해 두세요.

미국 현지 문화

오디오북 앱 Audible

미국 현지에서 오디오 북 중에 가장 유명한 것은 아마존(Amazon)이 가지고 있는 'Audible'이라는 앱입니다. 세계에서 가장 큰 오디오북 생산 기업이죠. 아마존 계정이 있어야 가입할 수 있고, 라디오·TV쇼·디지털 신문과 잡지까지 오디오로 판매하고 있습니다. 영어 공부를 깊이 있게 하고 싶은 분들은 한 번쯤 사용해 보면 좋을 거예요.

Unit 37

좋아하는 스포츠 팀에 대한 대화

Which team are you rooting for?

대학 친구인 벤과 에이미가 캠퍼스에서 마주쳤다. 기분이 좋아 보이는 벤에게 무슨 일인지 물어본 에이미는 스포츠 팀에 관한 이야기를 시작한다.

Ben   Hi, Amy. How's it going?

Amy   Hi, Ben. I'm good. You seem to be in high spirits today. What's happening?

Ben   The Super Bowl, of course! I have been waiting for this game all season!

Amy   Which team are you rooting for?

Ben   I have been a Giants fan my entire life.

Amy   Oh, I am more of a hockey fan, but I love going to Super Bowl parties for the food and drinks.

Ben   The sliders are my favorite part.

Amy   Who do you think is going to win?

Ben   Sadly, the Patriots will probably win. They are just a powerhouse.

Amy   Have some faith! I always pull for the underdog.

해석

Ben	안녕, 에이미. 잘 지내?
Amy	벤, 안녕. 잘 지내. 오늘 기분이 좋아 보이네. 무슨 일이야?
Ben	당연히 슈퍼볼 때문이지! 이번 시즌 내내 이 게임을 얼마나 고대했다고!
Amy	어느 팀을 응원하는데?
Ben	나는 평생 자이언츠 팬이었어.
Amy	아, 나는 하키 팬이긴 한데, 음식이랑 맥주 마시는 맛에 슈퍼볼 파티에 가는 건 좋아해.
Ben	난 슬라이더가 제일 좋더라.
Amy	어느 팀이 이길 것 같아?
Ben	슬프지만, 패트리어츠가 아마 이길 거야. 아주 유력해.
Amy	그래도 믿음을 가져 봐! 난 항상 약자 쪽을 응원해.

오늘의 표현

1. in high spirits
2. root for ~
3. be more of ~
4. powerhouse
5. Have some faith!
6. pull for the underdog

오늘의 표현 뜯어보기

1 in high spirits

spirits는 복수 형태로 쓰일 때 '기분', '마음'이라는 의미를 나타내요. 'in high spirits'는 '기분이 좋은 상태'를 말합니다. 반대로 기운이 없거나 슬플 때는 'in low spirits'라고 합니다. good이나 bad를 쓰지 않는다는 것에 주의하세요.

2 root for ~

'root for ~'는 '~를 응원하다'라는 의미예요. 어떤 스포츠팀을 응원한다고 표현할 때도 쓰고, 사람을 응원하고 지지한다고 할 때도 쓴답니다. "파이팅!", "잘해 봐!", "넌 할 수 있어!"와 같은 응원하는 말과 함께 많이 쓰여요. 다음 예문들을 보면서 쓰임을 익혀 보세요.

- Go for it. We'll root for you! 잘해 봐. 우리가 응원할게!

- You can do this. I always root for you! 넌 할 수 있어. 난 항상 널 응원해!

- You got this. I'm rooting for you! 넌 할 수 있어. 난 널 응원하고 있어!

- You can make it. Everybody's rooting for you!
  넌 해낼 거야. 모두가 널 응원하고 있어!

3 be more of ~

'be more of ~'는 사람을 주어로 묘사할 때도 쓸 수도 있고, 일반명사나 대명사 등을 주어로 쓸 수도 있어요. 뒤에 than을 쓰면 어떤 것이 다른 것보다 더 좋거나 무엇에 더 가깝다는 표현을 할 수 있어요.

○ **It's more of a guess than an estimate.**
정확한 비용 계산이 아니라, 추측에 가까워.

4 powerhouse

powerhouse는 '발전소'라는 사전적 의미가 있는데, 구어체에서는 그만큼 '파워가 막강한 팀이나 사람, 단체' 등을 일컫는 말이 됩니다. '지치지 않고 에너지가 넘치는 사람'에게 쓰는 비슷한 표현으로 dynamo가 있어요. 관련해서 ball of fire, fireball 하면 '추진력이 굉장한 사람'을 묘사하는 말입니다.

5 Have some faith!

말 그대로 "믿음을 가져 봐!", "자신감을 가져 봐!"라는 의미입니다. faith 뒤에 전치사 in을 쓰는 경우도 있어요.

○ **I know you'll pass this test—I have faith in you.**
넌 시험에 통과할 거야. 난 확실히 믿어.

6 pull for the underdog

'pull for ~'는 '~를 열심히 지원하다', '~를 편들다', '~를 성원하다'라는 표현이에요. underdog은 스포츠에서 '우승이나 이길 확률이 적은 약한 팀이나 선수'를 일컫는 말이죠. 두 표현 모두 스포츠 관련해서 아주 자주 쓰이므로 알아 두세요.

센스 있는 영어 플러스

서로의 안부를 물을 때 꼭 알아야 하는 표현들

관계 형성에서 기본 에티켓인 안부 묻기. 지나가면서 하는 흔한 말이지만, 때와 장소에 맞게 잘 사용하면 센스 있는 사람으로 보일 수 있어요. 앞의 대화문에 나온 "How's it going?"과 "What's happening?" 외에 다양한 표현들을 보고 잘 활용해 보세요.

1 캐주얼하면서 무난하게 쓸 수 있는 표현

- **How's it going?** - 발음할 때 [하우짓고인]처럼 들림
- **What's up? / Sup?**
- **What are you up to? / What have you been up to?**
- **What's going on? / What's been going on?**
- **How have you been? / How ya been?**
- **What's new? / What's new with you?**
- **How's things?**
- **Everything good?**

2 안 좋은 일이 있었거나 아팠던 상대방에게 쓸 수 있는 표현

- **How are you holding up?** 어떻게 견디고 있어?
- **How are you feeling?** 컨디션이 어때?

3 비즈니스 상황이나 격식을 차릴 때 쓸 수 있는 표현

○ **How are you doing? / How have you been?**
  잘 지내고 계시나요?

○ **How is your project going?**
  프로젝트 어떻게 되어 가시나요?

○ **How are things with your work?**
  일은 잘 되고 계세요?

○ **What have you been working on?**
  요즘 어떤 일 하세요?

1), 3)의 경우, 질문에 대한 대답은 간결한 것(quick answer)이 좋습니다. 상대방은 예의상 인사를 건네는 거지, 심각하고 깊은 대화를 하려는 것이 아니거든요. 정말로 상대방의 자세한 안부가 궁금하다면 보통 대답을 듣고 구체적으로 다시 묻습니다. 말투도 달라지지요. 대신 2)의 경우에는 본인의 심정이나 상황을 비교적 자세히 이야기할 수 있습니다.

여기서 꿀팁

'기분이 좋은 상태'를 나타내는 표현

'기분이 좋은 상태'를 나타내는 'in high spirits'를 활용한 예문을 몇 개 더 보도록 하죠.

○ **We all were in high spirits on the picnic day.**
  소풍 가는 날 우리는 다들 흥이 나 있었다.

○ **I've been in high spirits ever since I got the lead in the school play.**
  학교 연극에서 주연을 맡게 된 후로 난 정말 기분이 좋아.

더 과장된 표현으로 'be over the moon'이라는 표현도 있어요. 예문을 보시죠.

○ **He was over the moon when he got a job with his dream company.**
  그는 꿈에 그리던 회사에 입사하게 되어서 기분이 붕붕 떠 있었다.

○ **My son was over the moon when he got his first bicycle.**
  우리 아들이 첫 번째 자전거를 갖게 되었을 때 정말 행복해했지.

○ **I was over the moon when I found out my wife was pregnant with twins.**
  우리 와이프가 쌍둥이를 가졌다는 소식에 난 너무 기뻤어.

알아 두면 좋아요

do you think의 사용

앞의 대화문에서 나온 "Who do you think is going to win?"의 문장을 분석해 보면, "Who is going to win?" 사이에 'do you think'라는 절을 삽입해 준 형태죠. "누가 이길까?"라는 문장에 '너의 생각에는'을 넣어서 상대방의 생각을 물어보는 말이 된 것입니다. 어떤 의문문에든 'do you think'를 넣어 주면 상대방의 의견을 묻는 표현을 쉽게 만들 수 있답니다.

미국 현지 문화

미국의 슈퍼볼에 대하여

미국인들에게 슈퍼볼의 영향력은 정말 막강합니다. 워낙 큰 행사이다 보니, 이때를 노리는 기업 행사들도 굉장히 많습니다. 술집, 스포츠바, 집에 모여 파티를 열고, 아이들까지 유니폼과 모자를 맞춰 입지요. 온 미국 전역이 소란해지는데, 워낙 큰 연례 행사라서 추수감사절 외에 음식 소비가 가장 많은 날이기도 해요. 한두 달 전부터 파티를 준비하는 사람들을 위해서 음식 배달, catering 서비스 등의 예약을 받기도 합니다. 매년 2월 첫 번째 일요일에 슈퍼볼이 열리는데, 이를 '슈퍼볼 선데이'라고도 불러요. 세계 최고의 단일 경기 이벤트이자 미국 최고의 스포츠 이벤트답게, 전·현직 미국 대통령, 개최 도시의 주지사, 상·하원의원 등의 정치인부터 유명 스타들도 경기를 보기 위해 참석합니다. 한국 혼혈 선수인 하인스 워드(Hines Ward)의 소속 팀 피츠버그 스틸러스(Steelers)와 패트리어트(Patriots)가 각각 6회 우승으로 최다 기록을 가지고 있습니다.

Unit 38

피부 관리에 대한 대화

You don't look 30 at all.

엠마와 클로이는 점심 식사를 같이 하며 즐겁게 대화를 나누고 있다. 엠마가 클로이의 피부를 보며 관리 비법에 대해 묻는다.

Emma   Your skin is glowing. It's always dewy-dewy. What do you do to your skin? You don't look 30 at all.

Chloe   Aww, thank you. I just have a little beauty routine every night.

Emma   Woo, I'm dying to know! Please tell me your secrets! My skin has not been really behaving well these days.

Chloe   Well, the first and foremost is to get enough sleep. Second, I think exfoliating the dead skin once a week is a must.

Emma   Oh, I see. Tell me more.

Chloe   Okay. Do you know that you can also do mild chemical peels on your own at home? Of course, you need to be careful.

Emma   Oh, I see. So I need some info on chemical peel products.

Chloe   I'm the expert on that. I will send you the link now.

Emma   Thank you! You're a lifesaver.

해석

Emma	너 피부가 빛이 나. 항상 물광이야. 피부에 도대체 뭘 해? 서른처럼 보이질 않아.
Chloe	아, 정말 고마워. 매일 밤마다 하는 미용 루틴이 있긴 해.
Emma	오, 나 꼭 알아야겠어! 비법 좀 알려 줘! 요즘에 내 피부 상태가 안 좋아.
Chloe	음, 첫 번째이자 가장 중요한 것은 잠을 충분히 자는 거야. 두 번째는 죽은 각질을 일주일에 한 번씩 제거하는 게 필수라고 봐.
Emma	아, 그렇구나. 더 알려 줘 봐.
Chloe	알았어. 집에서 혼자 약하게 화학 박피를 할 수 있다는 거 알아? 물론, 조심해야 하지.
Emma	그렇구나. 화학 박피 제품에 대한 정보가 좀 필요하겠다.
Chloe	그쪽은 내가 전문이지. 지금 관련 링크를 보낼 줄게.
Emma	고마워! 넌 구세주야.

*chemical peels 화학(적) 박피

오늘의 표현

1. dewy-dewy
2. You don't look 30 at all.
3. I'm dying to ~
4. My skin has not been really behaving well.
5. exfoliate the dead skin
6. a must

오늘의 표현 뜯어보기

1 dewy-dewy

dew는 '이슬'이라는 뜻이에요. 여기에 -y를 붙여 dewy라고 하면 형용사 형태가 되는데, '이슬이 맺힌'이라는 말이죠. 구어체에서 dewy-dewy라고 하면 피부가 '이슬을 머금은 것처럼 촉촉한', 즉 우리말로 물광 피부를 표현할 때 딱 적절한 형용사가 됩니다.

2 You don't look 30 at all.

나이보다 젊어 보인다고 할 때 "You don't look your age at all."이란 말을 자주 써요. 문장 뒤에 at all을 써서 '전혀'라고 강조해 주는 거죠. 특정 나이처럼 보이지 않는다고 칭찬할 때는 your age 대신 숫자를 넣어 주면 됩니다.

3 I'm dying to ~

우리말로도 '~ 하고 싶어 죽겠다'라는 표현을 하죠. 이 표현은 영어로도 똑같은 강조 용법이 있습니다. 'I'm dying to ~'라고 하죠. 그리고 'to+동사' 구조 대신에 'die for+명사' 구조로도 쓸 수 있어요. 다음 예문을 보면서 쓰임을 더 알아 보세요.

- **I'm dying to hear your news.**
  네 소식을 듣고 싶어 죽겠어.

- **I'm dying to see you.**
  네가 보고 싶어 죽겠어.

- **I'm dying for something to eat.**
  뭔가 먹고 싶어 죽겠어.

4　My skin has not been really behaving well.

구어체에서는 주어가 사람이 아닌데 사람에게 쓰는 동사를 사용해서 재미있게 표현하는 경우가 있어요. '행동하다'라는 뜻의 behave를 사용해서 'behave well'이라고 하면, '행동을 잘하다', 즉 '상태가 좋다'라는 의미를 나타낼 수 있죠.

5　exfoliate the dead skin

exfoliate이라고 하는 동사는 '벗겨 내다', '박피하다'라는 뜻이에요. 접두사 ex-에는 'out of', 'off'의 의미가 있습니다. '각질'은 말 그대로 '죽은 피부'이므로 dead skin이라고 해요. 약국이나 화장품을 구입할 때 많이 사용하는 말이니 이 표현은 통으로 외워 두세요.

6　a must

여기서는 아주 흔하게 쓰이는 must가 조동사가 아니라 명사로 쓰였습니다. 실제로는 원어민들이 자주 쓰는 용법이에요. '꼭 해야 하는 것', '필수 조건'이라는 의미예요. 단수 명사로 취급하기 때문에 앞에 꼭 a를 붙여야 해요. 다음 예문을 보고 어떻게 쓰는지 더 알아볼게요.

○ **The restaurant has become so popular that reservations are a must.**
그 레스토랑이 너무 유명해져서 예약이 필수야.

센스 있는 영어 플러스

"Thank you." 대신 쓸 수 있는 감사 표현

앞의 대화문에서 마지막에 "You're a lifesaver."를 "Thank you." 뒤에 썼죠. 고맙다는 말을 강조하고 싶을 때 "Thank you. Thank you. Thank you."처럼 같은 말을 계속 반복하는 것은 단조롭고 1차원적이기 때문에, 붙여 쓰면 자연스러운 짝꿍 표현들을 활용해서 고마움을 표현할 수 있어요. 이런 표현들을 많이 알아 두면, 유용하게 쓸 수 있답니다. "Thank you."를 세 번씩 반복하는 대신에 아래와 같이 말하면 더 자연스럽게 들릴 거예요.

- **Thanks a bunch. I really appreciate it. You're the best.**
  진짜 고마워. 정말 정말 고마워. 넌 최고야.

- **Thank you so much. I owe you one. You rock.**
  정말 고마워. 신세 졌어. 넌 짱이야.

여기서 특징은 감사 표현을 한 후, 상대방을 치켜세우는 표현을 함께 말해 준다는 거예요. 상대방에게 신세를 졌다는 말도 덧붙일 수 있죠. 비슷한 다른 표현들을 알아볼게요.

- **You're the best!** 넌 최고야!

- **You rock!** 너 짱이다!

- **I'd love to give a shout out to you.** 당신에게 감사를 돌리고 싶어요.

- **Shout out to ~.** ~에게 감사를.

- **Hats off to you.** 당신께 감사를 표합니다.

- **You saved my life.** 넌 내 삶을 구했어.

- **You saved my day.** 넌 날 구했어.

- **You made my day.** 네가 내 하루를 행복하게 만들었어.

- **You're a lifesaver.** 넌 내 구세주야.

- **I owe you.** 신세 졌어.

- **I owe you one.** 신세 한 번 졌어.

- **I owe you big time.** 크게 신세 졌어.

- **I'll pay you back.** 내가 다 갚을게.

- **I'll get you back.** 내가 다 갚을게.

여기서 꿀팁

피부와 관련된 유용한 표현들

아래는 피부과에서 상담을 받거나, 화장품을 구입할 때 매우 유용한 피부 관련 표현들입니다. 일상생활에서는 자주 말하지 않지만, 제대로 알아 두지 않으면 꼭 필요할 때 어려움을 겪을 수 있으니 미리 기억해 두세요.

- **acidity** 산성도
- **acne** 여드름
- **amino acid** 아미노산
- **antioxidant** 항산화제
- **antiseptic** 항균 소독제
- **atopic dermatitis** 아토피 피부염
- **atopic eczema** 아토피성 습진
- **capillary** 모세 혈관
- **comedone** 면포, 막힌 모공, 블랙헤드
- **comedogenic** 여드름을 유발시키는
- **dermabrasion** 물리적인 박피
- **edema** 부종
- **elasticity** 탄력성
- **extraction** 추출(막힌 모공을 뚫는 것)
- **hair follicle** 모공
- **pigmentation** (피부의) 색소
- **pores** (피부의 땀 구멍과 같은) 구멍
- **rosacea** 주사, 빨간 코
- **sebum** (유선) 분비물
- **toner** 토너

미국 현지 문화

피부 관련 의학 용어

앞서 피부와 관련된 표현들을 알아봤는데, 이제 좀 더 업그레이드해서 의학 용어도 조금 알아보겠습니다. 우선, '피부과'는 dermatology, '피부과 전문의'는 dermatologist라고 합니다. 보면 딱 알겠지만, 어원적으로 derm이 들어간 단어는 '피부'와 관련되어 있다고 보면 됩니다. '피부 표피층'은 epidermis라고 합니다. epi-는 어원적으로 '위', '상방'이라는 뜻이에요. 그래서 피부층의 가장 위에 있는 층이 epidermis가 된 것이죠. 또한 '피부염'은 dermatitis라고 하는데, 영어에서 -titis라는 말이 붙으면 다 '염증'이라고 보면 됩니다. 의학 용어가 어렵게 느껴질 수 있지만, 어원만 잘 알아 두면 여러 방면으로 활용할 수 있어요. 잘 기억했다가 필요한 상황에서 사용해 보세요.

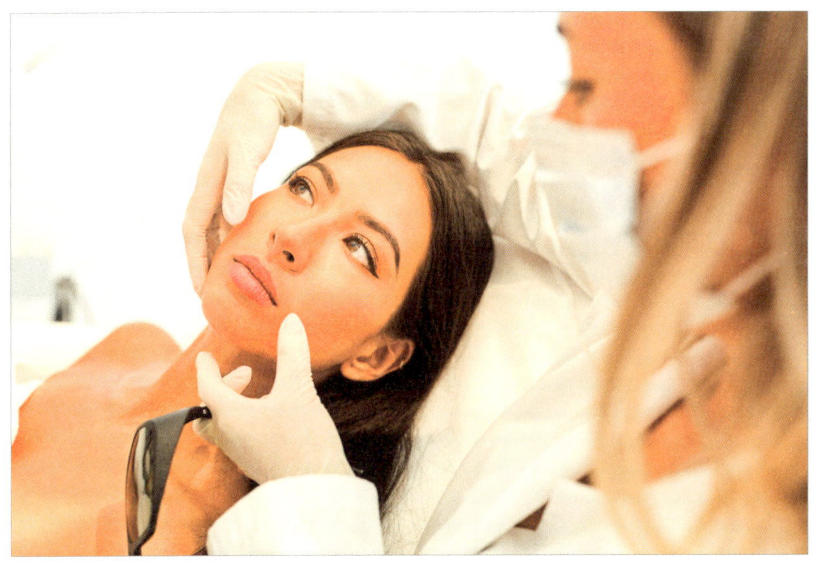

Unit 39

승진을 축하해 주기

I knew the right position would come along.

동네 이웃인 엠마와 매트가 산책길에서 만났다. 매트가 텍사스 주로 이사할 수도 있다고 이야기했던 것을 기억한 엠마가 근황을 먼저 물어본다.

Emma   Hi, Matt. How ya been? What's new with you?

Matt   Hey, Emma. My wife and I are getting ready to move.

Emma   Oh wow! So, you guys sold your place that fast?

Matt   Yeah, my company relocated me to Texas. They promoted me to a marketing director there.

Emma   Congratulations on your new position! It's fantastic. I knew the right position would come along.

Matt   Thank you so much!

Emma   Aww, we're going to miss you guys! Let's keep in touch. I'll text your wife today.

Matt   Sure, sure. I'll tell her I ran into you today.

해석

Emma	안녕, 매트. 어떻게 지냈어? 뭐 새로운 일 있어?
Matt	엠마, 안녕. 나는 와이프랑 이사 준비를 하고 있어.
Emma	어머! 그래서 집을 그렇게 빨리 판 거야?
Matt	응, 우리 회사에서 나를 텍사스 주로 발령 냈거든. 거기 마케팅 디렉터로 승진했어.
Emma	새로운 직책으로 가게 된 거 축하해! 정말 잘 됐다. 너에게 딱 맞는 직책이 생길 줄 알았어.
Matt	정말 고마워!
Emma	이런, 많이 보고 싶을 거야! 연락하고 지내자. 내가 오늘 네 와이프한테 문자할게.
Matt	그래 그래. 와이프한테 오늘 너 봤었다고 얘기할게.

오늘의 표현

1. How ya been?
2. place
3. relocated
4. Congratulations on ~.
5. come along
6. run into ~

오늘의 표현 뜯어보기

1 How ya been?

이 표현은 앞에서 이미 배웠던 거예요. "How have you been?"을 빨리 말하면 이렇게 됩니다. 한국어도 말할 때 흘려 말하는 발음이 있듯이, 원어민도 모든 단어를 다 또박또박 발음하지는 않아요. 친한 친구들끼리 문자를 할 때 you나 your를 ya로 쓰는 경우도 있답니다.

2 place

구어체에서는 '집'을 지칭할 때 house 대신에 place라는 단어를 더 많이 씁니다. 누군가가 집에 데려다 줄 때 "This is my place."라고 하면 "여기가 우리 집이야."라는 말이 된답니다.

3 relocated

location은 '위치'라는 명사죠. location의 동사 형태는 locate입니다. 여기서 re를 붙이면 relocate, '새로운 장소로 옮겨지다'라는 단어가 됩니다. 이 의미에서 나아가 '이직하다', '이사하다', '새로운 곳으로 발령 나다' 등의 표현으로 파생해서 쓰여요.

4 Congratulations on ~.

Congratulations는 누군가를 축하해 줄 때 아주 흔하게 쓰는 표현이죠. 주의할 것은, 반드시 뒤에 s를 붙여야 한다는 것입니다. 구어체에서는 Congrats로 간단히 줄여서 많이 표현합니다. 어떤 것에 대해 축하하는지를 붙여 주려면 뒤에 'on ~'이라고 말하면 되죠.

5 come along

'come along'은 '어떤 일이 생기다'라는 의미입니다. 똑같은 한국어로 해석되더라도, happen과는 쓰임이 전혀 달라요. 다음 예문을 보시죠.

- **When the right opportunity comes along, he'll take it.**
  적절한 기회가 생기면, 그는 그 기회를 붙잡을 거야.

6 run into ~

'run into ~'는 '우연히 누군가와 만나다'라는 뜻이에요. 사람뿐만 아니라 예상치 못하게 어떤 일을 맞닥뜨렸을 때도 이 표현을 쓸 수 있죠. 비슷한 표현으로 'bump into~'도 있어요. 일상생활에서 아주 자주 쓰는 표현이니 꼭 알아 두세요.

- **I'm so glad we ran into each other today.**
  오늘 이렇게 마주치게 되어서 정말 반가워.

- **If you run into any trouble at school, let me know.**
  학교에서 무슨 문제가 생기면 나에게 알려 줘.

센스 있는 영어 플러스

상대방을 축하하는 다양한 표현들

상대방을 축하해 줘야 할 일이 있거나 성공적으로 해낸 것을 칭찬할 때 유용하게 쓸 수 있는 다양한 표현들을 모아 봤어요.

- **Congratulations! / Congrats!** 축하해!

- **Congratulations on your ~. It's fantastic.** ~을 축하해. 정말 잘 됐다.

- **Congratulations! You've earned it.** 축하해! 네가 해낸 거야.

- **Congratulations. You should be proud (of yourself).**
  축하해. 자랑스럽겠다.

- **Congratulations. I'm so happy for you.** 축하해. 정말 잘 됐어.

- **Congratulations. I'm so proud of you.** 축하해. 네가 자랑스러워.

- **Congrats! That's so awesome.** 축하해! 정말 대단하다.

- **Congrats! I'm so excited for you.** 축하해! 덕분에 정말 신이 나.

- **Congrats! That rocks!** 축하해! 짱이다!

- **Great job! I knew you could do it!** 잘했어! 네가 할 수 있을 줄 알았어!

- **You did it! I knew you could.** 해냈구나! 네가 할 수 있을 줄 알았어.

- **Bravo! / Woohoo!** 브라보!

- **Cheers to you.** 정말 잘했어.

- **Way to go!** 잘했어!

- **You nailed it!** 해냈구나!

- **Well done!** 잘했어!

격식 있는 축하에는 Congrats라고 줄이지 않아요. 다양한 비즈니스 상황에서의 축하 표현도 추가로 보도록 하죠.

- **Congratulations! You deserve this success.**
  축하해요! 당신은 성공할 자격이 있어요.

- **Congratulations. You certainly deserve this more than anyone I know.** 축하해요. 당신은 제가 아는 누구보다 이걸 받을 자격이 확실히 있어요.

- **Congratulations on your success.** 성공을 축하드려요.

- **Congratulations on your accomplishment.** 성취를 축하드립니다.

- **Congratulations on your hard work.** 기쁜 일을 축하드려요.

- **That's wonderful news.** 반가운 소식이네요.

- **My sincere congratulations to you.** 진심으로 축하드립니다.

마지막으로 지인의 결혼 소식을 들었을 때 축하 인사를 어떻게 하는지 보겠습니다. 다양한 축하 표현을 잘 알아 뒀다가 필요한 상황에서 사용해 보세요.

- **Congratulations on your wedding announcement. I'm so excited for both of you!**
  결혼 발표 축하해. 너희 둘 덕분에 신이 나!

알아 두면 좋아요

부동산과 관련된 표현들

앞의 대화문에서 집을 팔았다는 내용이 나오는데요. 미국에서 집을 사고 팔 때 자주 접할 수 있는 표현들을 살펴보도록 하죠. 개인적으로 제가 뉴욕 주에서 부동산 에이전트 자격증을 취득한 적이 있어, 경험을 살려 알려 드릴게요.

- **Buyer's market** 집을 구입하는 사람들에게 유리한 부동산 시장

- **Seller's market** 집을 팔려는 사람들에게 유리한 부동산 시장

- **Realtor** 부동산 에이전트 – 한국의 공인중개사와 비슷함

- **Commission** 부동산 중개 수수료 – 보통 5-6%. 판매자가 모두 부담

- **Impeccable** 흠잡을 데 없는 – 집 상태가 아주 좋을 때 리스팅에 이렇게 묘사됨

- **Granite** 화강암 – 주방이나 욕실 가구를 화강암 재료로 만들었다는 표현

- **Landscaped** 조경이 완비된 – 앞마당이 근사하게 꾸며진 집. 판매에 유리함

- **Curb appeal** 커브 어필 – 주택의 첫인상. 잘 꾸며진 앞마당

- **Mortgage rate** 모기지 이자율

- **Down Payment**
  다운페이 – 판매자에게 대금을 지불할 때 모기지 대출을 제외한 현금을 의미함

- **Home Inspection**
  홈 인스펙션 – 혹시 집에 있을 문제점을 밝히기 위해 전문가를 고용하는 절차.

- **Appraisal** 주택 감정 – 은행에서 주택의 가치를 평가하는 절차, 융자 승인 전에 이루어짐

여기서 꿀팁

생일을 축하할 때도 Congratulations?

"Congratulations!"는 "축하해!"라는 의미를 갖고 있죠. 하지만 예외적으로 꼭 조심해야 하는 경우가 있습니다. 바로 생일 축하를 할 때예요. 이때는 모두 아는 "Happy birthday (to you)!"라는 표현을 쓰죠. "Congratulations!"는 노력으로 얻어 낸 성공이나 성취 등을 축하할 때 쓰는 표현이기 때문입니다.

미국 현지 문화

미국의 부동산 정보 사이트

미국에서는 집을 알아볼 때도 온라인 사이트를 많이 이용해요. 현지에서 가장 많이 쓰는 부동산 정보 사이트는 Realtor.com와 Zillow.com 등이 있어요. 특히 Zillow에는 집의 인테리어 재료 등을 어디서 구입했는지 해당 사이트와 연결도 되어 있어, 정보를 얻기에 유용하답니다.

Unit 40

대화 마무리하기

It's been great catching up.

우연히 만나서 대화를 나누게 된 댄과 클로이. 오랜만에 만나 한참 최근 소식을 나누다가 댄이 슬슬 마무리하자고 말을 꺼낸다.

Dan　　Well, it's been great catching up, but I better get going.

Chloe　Yeah, me too. Really good to see you again.

Dan　　Absolutely. Let's keep in touch. Give me a call next time you're in the area.

Chloe　Yeah, that sounds good. Do you still have the same number?

Dan　　Yeah.

Chloe　Let me just check if I still have it. … ends with 5676?

Dan　　Yeah, that's the one. Great, talk to you soon.

Chloe　Alright, take care. Oh, and say hi to your brother, John.

Dan　　Will do! See you!

Chloe　Bye!

해석

Dan 자, 오랜만에 회포를 풀어서 너무 좋았어. 근데 난 그만 가 봐야 해.

Chloe 응, 나도. 다시 만나서 정말 좋았다.

Dan 진짜 그랬어. 계속 연락하고 지내자. 다음 번에 이 근처에 오면 전화 줘.

Chloe 그래, 좋아. 아직 전화번호가 똑같아?

Dan 응.

Chloe 아직 번호를 갖고 있는지 확인해 볼게 … 5676으로 끝나는 번호 맞지?

Dan 응, 그거 맞아. 다행이다, 그럼 곧 다시 이야기 나누자.

Chloe 그래, 잘 지내고. 참, 네 동생 존에게 안부 인사 전해 줘.

Dan 그럴게! 또 봐!

Chloe 잘 가!

오늘의 표현

1 Well
2 It's been great catching up.
3 I better get going.
4 Really good to see you again.
5 Let's keep in touch.
6 ends with ~

오늘의 표현 뜯어보기

1 Well

대화를 할 때 "Well"이라고 하면 어떤 말을 하기 전에 시간을 끌기 위해 쓸 때도 있지만, 대화의 주제를 바꾸기 위해서도 자연스럽게 쓴답니다. 너무 쉬운 말이지만, 대화에서 시그널을 주는 말이니 이런 사용법도 꼭 기억해 두세요.

2 It's been great catching up.

'catch up'은 '그동안 못다한 이야기들을 따라잡다'라는 의미예요. "It's been great catching up."이라고 하면 "회포를 풀게 되어 정말 좋았어."라는 뜻으로, 최근에 못 봤다가 오랜만에 만난 사람에게 쓸 수 있는 말이죠. 대화의 말미에 쓰면서 '이제 대화를 마무리하자'라는 뉘앙스도 내포하는 유용한 표현이랍니다. 비슷한 말로 "It's been nice talking to you." 또는 간단히 "Nice talking to you."도 있어요.

3 I better get going.

"I better get going."은 "I have to go."와 같은 말로, 구어체의 성격이 강한 표현입니다. 'get going'을 활용해서 같은 의미로 "I should probably get going."과 "I gotta get going."이라고도 할 수 있어요. 일행과 함께 자리를 떠야 할 때는 "We should probably get going."이라고 하면 됩니다. 상대방에게 "이제 일어날까?"라고 할 때는 "Should we get going?"이라고 하거나 "Let's get going."이라고 해요.

4 Really good to see you again.

대화를 마무리할 때 쓰는 또 다른 문장이에요. 구어체로 만나서 반가웠다는 의미로, 주어와 동사를 생략한 표현이죠. 앞에 'It was'가 있다고 생각하면 됩니다. 친근한 사이에서 정말 흔하게 쓰는 표현이니 꼭 기억해 두세요.

5 Let's keep in touch.

'keep in touch'는 '연락하고 지내다'라는 표현이에요. Let's를 사용해서 "계속 연락하고 지내자."라는 말을 아주 자주 하죠. 비슷한 표현으로 "연락을 유지하자."라는 의미인 "Let's stay in contact."도 많이 쓰니 함께 알아 두세요.

6 ends with ~

어떤 숫자가 '~로 끝난다'고 할 때 'end with+숫자' 구조를 씁니다. 전화번호, 신용카드 등의 번호를 확인할 때 유용하게 쓸 수 있는 표현입니다. "Does it end with 5676?"을 구어체로 줄여서 "Ends with 5676?"이라고 묻는 거예요. s의 위치에 주의해서 말하세요.

센스 있는 영어 플러스

비즈니스 상황에서 대화 마무리하기

앞의 대화문에서는 친구 사이에서 대화를 마무리했고, 이제는 비즈니스 상황에서 대화를 세련되게 마무리하는 예시를 보겠습니다. 컨퍼런스에서 이야기를 나누다가 자리를 떠야 하는 상황이라고 가정해 보죠.

A Well, it's been nice talking to you, but **you'll have to excuse me**. I've arranged to meet someone at 10.

B Oh, yes, I see. Nice talking to you.

A **Enjoy the rest of the conference and talk to you again soon hopefully.**

B Absolutely!

A Oh, and **please give my regards to** Jennifer Cohen.

B Yes, will do. Bye!

A Bye!

A 저, 말씀 나누어서 좋았습니다. 이제 실례해야겠어요. 10시에 누구를 만나기로 되어 있어서요.
B 네, 그렇군요. 이야기 잘 나누었습니다.
A 남은 컨퍼런스 잘 보내시고요, 조만간 또 뵌다면 좋겠네요.
B 네, 그러죠!
A 아, 그리고 제니퍼 코헨 씨에게 안부 전해 주세요.
B 네, 그럴게요. 안녕히 가세요!
A 안녕히 계세요!

여기서 "You'll have to excuse me."는 직역하면 "저를 양해해 주셔야 할 것 같습니다."라는 뜻으로, 공손하면서도 격식을 갖춘 비즈니스 상황에 어울리는 표현입니다. 친한 친구에게 이런 말을 쓰지는 않아요. 또한 "Enjoy the rest of the conference and talk to you again soon hopefully."라는 문장을 통해 상대방의 남은 시간을 응원하고 다음을 기약하며 친근하면서도 예의 바르게 대화를 마무리했습니다. 이전에 배웠듯이, "Please give my regards to Jennifer Cohen."를 통해 'say hi to ~'라는 캐주얼한 표현을 격식 있고 세련되게 말했어요. 이런 표현들도 함께 알아 두고 필요한 상황에 맞게 사용해 보세요.

여기서 꿀팁

text를 동사로 사용하기

"(나에게) 문자해."라고 할 때, "Send me a text."라고 표현할 수도 있지만, 원어민들은 text 자체를 동사로 쓰는 경우가 훨씬 더 많습니다. text에는 단순히 문자를 보내라는 말뿐 아니라 '문자로 정보를 보내 달라'라는 의미가 내포되어 있어요. 아래 대화를 보면 사용법을 더 잘 알 수 있을 거예요.

> A You know, Friday night we're actually already meeting up for drinks, you should meet us out.
>
> B Sure! Yeah, **text me the info**.
>
> ------
>
> A 있잖아, 이번 금요일에 우리 술 한잔하러 뭉치기로 했거든. 너도 같이 만나자.
> B 그래! (만나는 곳) 정보 나한테 문자로 보내 줘.

간단하게 "문자해!"라고 할 때도 "Text me!"라고 할 수 있어요. 요즘은 전화통화보다 문자, 메신저로 소통을 더 많이 하니까 이 표현을 자주 써요.

알아 두면 좋아요

Well 대신 상대방의 주의를 전환하기

앞의 대화문에서는 Well로 시작해서 대화를 마무리하는 시그널을 줬는데요. 동일한 의미로 Well 대신 쓸 수 있는 표현이 바로 Listen이랍니다. 다음 대화를 참고해 보세요.

A **Listen**, I better get going. I have to grab a few things in the supermarket before it closes.

B Yeah, no worries.

A Okay. See you soon!

B Talk to you later.

A 있잖아, 나 이제 가 봐야 해. 슈퍼마켓이 닫기 전에 뭘 좀 사야 되거든.
B 그래, 어서 가.
A 응, 곧 또 보자!
B 응, 나중에 얘기하자.